国際社会学の射程
社会学をめぐるグローバル・ダイアログ

西原和久・芝真里　編訳

国際社会学ブックレット　1

東信堂

「国際社会学ブックレット」刊行趣旨

　21世紀の今日、グローバル社会化は確実に進展してきている。ドイツの社会学者、ウルリッヒ・ベックが述べたように、「個々人の人生はすでに世界社会に対して開かれて」おり、「さらに世界社会は、個々人の人生の一部である」にもかかわらず、「政府は（依然として）国民国家の枠組みのなかで行為する」状況が続いている（U. ベック『危険社会』）。

　これまで社会学は実証性を求めて社会研究をおこなってきた。だが、ベックの言葉を再度借用すれば、それは「過去の忠実な再現でしかない」し、そうした「伝統的な学問による検討だけでは古い思想の殻を打ち破ることはできない」。いま求められるのは、「未だなお支配的である過去と対照することにより、今日すでにその輪郭をみせている未来を視野の内に据えることを追求する」ことではないだろうか。

　ここに、国際社会学ブックレットと銘打ったシリーズの小冊子を刊行する。その狙いは、国家のなかの社会だけを研究する「方法論的ナショナリズム」を乗り越えながら、グローバルな視野で未来を展望することである。各冊子の著者たちは、国際社会の現状をふまえて、それぞれの思いで未来への展望を語るであろう。それは「今日すでにその輪郭をみせている未来を視野の内に据える」試みである。

　単に狭い意味での社会学だけでなく、世界における、戦争と平和の問題、格差と差別の問題、そして地球環境問題などを含めて、このブックレットのシリーズが、読者諸氏の思索の一助となり、読書会や研究会、あるいはゼミなどでの議論の素材を提供できれば、それは望外の喜びである。

東信堂・国際社会学ブックレット企画刊行委員会
代表　西原和久・下田勝司

はじめに

　本書は、東信堂・国際社会学ブックレットの第1巻を飾るにふさわしい、グローバルに活躍している世界の社会学者の小論をセレクトし、翻訳・出版するものである。本書の成立経緯に関しては編訳者の「あとがき」を参照していただきたい。

＊　　＊　　＊

　さて、本書の第1部では、今日注目を浴びているコスモポリタニズム論の中心論者ウルリッヒ・ベックと、それを批判するレイウィン・コンネルの小論を最初に載せた。社会学におけるコスモポリタニズム、とりわけベックのいう「社会学におけるコスモポリタン的転回」がいかなるものであるのか、その批判者コンネルの小論を挟んで、検討することができる。そして、これに関連する、もうひとつの小論、パブリック・ソシオロジー(「公共社会学」とも訳すことができるが、この訳語はまだ必ずしも定着していないので、ここでは英語表記をそのままカタカナにした)も検討に値するので第1部に入れた。また、コラムは第1部の議論内容を象徴的に表しているものなので、それもここに入れた。少なくとも、ベックとコンネルの論争は、議論内容を把握するために、順番に読むことをお勧めする。

　第2部は、社会学がどのような使命を帯びているのかを、現在も活躍中で、世界的に著名なバウマンやトゥーレーヌなどが語っている。どの小論から読んでも構わないだろう。

　第3部は、ウォーラースティンなどの著名な社会学者が「社会学を自分の仕事とするに至る経緯」を、その生活史に立ち返って論じている自伝的な小論を集めた。世界各国の、つまり欧米の論者のみに偏ることなく、いわゆる第3世界の論者を含めた、世界の社会学者がいかなる問題意識を持って「社会学する」ようになったのかが良くわかる。なお、最後に国際社会学会会長による日本社会学会会長(いずれも当時の肩書)へのインタビューも採録した。国際社会学会における日本社会学会の立ち位置がこ

こから伺われるだろう。第1部と同様、これらの論考も、どこから読んでも構わない。

　なお、第2部と第3部の各小論の冒頭には、今回訳出した各小論の基になった『グローバル・ダイアログ』の編集者サイドによる執筆者紹介を掲げてある。参考にしていただければと思う。

　　　　　＊　　　＊　　　＊

　これらの小論を通して、読者が、国際社会学とはいかなるものであり、さらに国際的な社会学者が考える社会学とはどのようなものか、そしていま国際社会はどのような問題を抱え、社会学者たちはそれらにどう対処しようとしているのか、こうした点を読み取っていただければと思う。

編訳者記

国際社会学の射程／目次

はじめに　i

第1部　社会学におけるコスモポリタニズムとパブリック・ソシオロジー　3

1. 社会学におけるコスモポリタン的転回 …… U・ベック　5
   ——カエルにキス！？

   1. 方法論的ナショナリズム批判　7
   2. どのようにしてグローバルなものを研究するのか——私たちはコスモポリタニズムの時代を生きているのではなく、コスモポリタン化の時代を生きているのである。　8
   3. 社会科学に対する「コスモポリタン的視角」　11

2. どのようにして世界社会学を織り上げることができるのか …………………………… R・コンネル　15

3. フレッシュ・キドニー …………………… U・ベック　20
   ——コスモポリタン理論は南の社会学に何を語るべきか

4. コスモポリタニズムからパブリック・ソシオロジーへ
   ……………………………………… H・ルッツ　27

   コラム　エジプトからの手紙：「牛ふん転がし」(Cow Dung Rolling)という調査手法 ……………… R・ジュレイディニ　33

第2部　専門分野としての社会学の使命　35

5. グローバル社会学のためのリアル・ユートピア
   …………………………………… E・O・ライト　37

6. リキッド・モダニティにおける社会学の使命
 ……………………………………… Z・バウマン　43
7. 形態生成の増大と社会学という使命 … M・アーチャー　47
8. 社会学の使命──プラグマティックな観点から… A・ベテイユ　52
9. 未来に目を向けること──社会学の使命 … H・J・ガンズ　56
10. 社会学の向こう側へ………………… A・トゥーレーヌ　60

第3部　職業としての社会学──社会学者の生き方　67

11. 歴史社会科学者……………… I・ウォーラースティン　69
12. 世界規模での集合的営為──社会学の使命　R・コンネル　74
13. 公共領域での批判的取組み……… R・S・ディビット　80
14. 法学と社会学との対話…………… K・カナビラン　84
15. 人生の定めとしての社会学者…………… U・ヤドフ　90
16. すべての不平等に立ち向かって………… E・ヘリン　93
17. 「制度的エスノグラフィ」の系譜 ……… D・スミス　97

エピローグ：日本社会学会と国際社会学会──社会学の過去と未来
　………………矢澤修次郎／聞き手：マイケル・ブラウォイ　103

編訳者あとがき　113
執筆者紹介　117
訳者紹介　118

国際社会学ブックレット 1

国際社会学の射程
──社会学をめぐるグローバル・ダイアログ──

第1部

社会学におけるコスモポリタニズムとパブリック・ソシオロジー

1. 社会学におけるコスモポリタン的転回
——カエルにキス!?

ウルリッヒ・ベック

みんなで、カエルにキスしてみよう。そうすれば、そのカエルが王子——コスモポリタン時代の制度を構成し始める王子——になるかどうかが、わかるだろう。(グリム童話より)

　国際社会学会(ISA: International Sociological Association)の会長であったマイケル・ブラウォイは、「グローバル社会学の挑戦に出会う」という刺激的で未来を指し示すような表現で、グローバル社会学は既存の社会学に対して部分的に展望を付け加えるだけなのかどうかについて論じた。しかしその議論は、残念ながら曖昧さを残している。グローバル社会学は国民国家中心の伝統的な社会学に対して「補足」を付け加えるだけなのだろうか、あるいは、それ以上なのだろうか。つまり、それは社会学の主流派

に取って代わるものなのか、あるいは、社会学の理論・調査研究に対する批判的な転換なのかどうか、である。

　ここでは、第1の補足的な社会学を「グローバル社会学」と呼び、第2の主流派に取って代わる社会学を「コスモポリタン社会学」と呼ぶことにしよう。

　世界秩序の崩壊はこれまで支配的な社会理論と社会研究への反省のきっかけとなるが、驚くべきことにこの点は今日の社会学ではほとんど顧みられていない。主流派の社会理論は依然として、普遍的優越性と直感的確実性という条件のなかで、時代を画する変容（たとえば、気候変動、財政危機、国民国家の変容）を蒙っている大地のはるか上空を飛翔しているだけだ。この「普遍的」な社会理論は、それが構造主義者、相互作用論者、マルクス主義者の理論であれ、批判理論やシステム理論であれ、今日では時代遅れであり、偏狭なものである。それらが「時代遅れ」なのは、経験的に観察されうることを、すなわち近代内部での社会と政治の（第一近代から第二近代へという）根本的な変容を、最初から無視しているからである。またそれが「偏狭」なのは、西洋の歴史的経験や未来予測という道を、すなわち主にヨーロッパや北アメリカの近代化を絶対化する間違いを犯しているからであり、それゆえまたそれらの経験や道筋がそれぞれ固有であることをも見失っているからである。

　以上の理由から、私たちは、グローバル社会学だけでなく、社会的・政治的な理論や研究における「コスモポリタン的転回」を必要としているのである。その場合、社会理論や政治理論は、理論的、経験的、さらには方法論的、規範的に、近代性それ自体の基盤を脅かす歴史的に新しい複雑に絡み合うさまざまな近代性にいかに向き合えるのかがポイントとなる。そうした理論は、21世紀の初頭における「資本のグローバル化」と「リスクのグローバル化」によって実際に形づくられる──意図せざる副次的な結果や支配と権力との──大規模な社会変動がもつ根本的な脆さと移ろいやすさを、きちんと説明できるのか。またその場合、どのような理論的・方法論的な諸問題が生じ、それらの問題が経験的な研究において

どのように語られうるのか。要するにそうした場合、いったい何がなされるべきなのだろうか。

　まず第1に、社会や政治に関する最も強力な確信のひとつで、社会的行為者と社会科学者の両者を結びつけているもの、すなわち「方法論的ナショナリズム」を問題にしなければならない。方法論的ナショナリズムは、「現代社会」と領土的に画定された国民国家のなかで組織された「社会」とを同一視する。第2に、私たちはグローバルなものをどのように研究するのかという問いを立て、その問いに答えなければならない。そして第3に、「コスモポリタンのビジョン」が21世紀の初頭において何を意味するのかを、方法論的ナショナリズム批判はきちんと問わなければならない。

1. 方法論的ナショナリズム批判

　要するに、方法論的ナショナリズムは、国民、国家、社会が現代世界の「自然な」社会的・政治的形態である、と想定してしまっているのだ。社会的行為者がこのような「自然な」信念を示しているところでは、私はそれを「ナショナルな見方」として語ることができる。そして、その見方への信念が社会科学的な観察者の視点を決定するようなところで、私は「方法論的ナショナリズム」について語ることができるのである。

　社会的行為者と社会科学者の視角の違いは決定的である。なぜならば、この両者の間には、論理的な関連ではなく、歴史的な関連があるだけだからである。社会的行為者と社会科学者の間のこの歴史的な関連だけが、方法論的ナショナリズムという不動の公理を生じさせているのである。したがって、方法論的ナショナリズムは、表面的な問題でも些細な誤りでもない。方法論的ナショナリズムは、日常定型的なデータの収集と産出の問題を含むと同時に、現代社会学や現代政治学の基本概念、たとえば社会、社会階級、国家、家族、民主主義、国際関係などといった諸概念の問題点をも含んでいる。

　さらに社会学者たちは、「彼ら」固有の社会から、「社会」一般がどの

ように組織化されているのかについて、その主張を一般化する傾向がある（このことはまた、私自身の著作『リスク社会』（1986）にも妥当する）。とくにアメリカ社会学は、すべての社会が多かれ少なかれアメリカ合衆国のようになると想定しながら発展してきた。これは、なんと貧しい発想ではないか。特定の社会だけを研究し、さらにすべての——あるいは少なくとも大部分の——他の社会（少なくとも問題とされる社会）も同様であるかのようにして一般化することが、完全に受け入れられてきた。このことは、他とは異なる合衆国のパターンに基づいて、「社会」内部の秩序や闘争の一般的性格に関する議論につながっている。秩序や闘争の理論はアメリカ合衆国の内部で「検証された」ものであり、この結論がやがてあらゆる社会あるいは少なくともすべての豊かな産業社会に対して一般化されうる、と想定されてきたのである。何十年もの間、こうしたことが素朴に社会学の仕事とされ、社会学研究をおこなう際の自明な方法とされてきた。しかしながら、いまや、「グローバル研究」が社会学においても歩み出しているのである。

2. どのようにしてグローバルなものを研究するのか
　　——私たちはコスモポリタニズムの時代を生きているのではなく、
　　　　コスモポリタン化の時代を生きているのである。

　私たちは、「グローバル化」という言葉が社会科学において用いられてきた方向を、以下の3つの段階に区別することができる。すなわち、第1にグローバル化を否定する方向、第2にその概念の精緻化と経験的研究の方向、第3に「コスモポリタン化」の方向、である。
　第1の否定の方向はすでに終わっている。というのも、第2の理論的・経験的な精緻化が進むなかで、新たな社会学的風景が明らかになってきたからである。この方向の支配的な特徴は、相互関連性——すなわち地球上での人びとの依存性／相互依存性を意味するもの——である。実際、人間のさまざまな経験と実践の全体が、何らかの仕方で、世界の圧倒的な相互依存性によって影響を受けているのである（ただし、このことと世界

システム論や従属理論とは混同されてはならない)。

　第3の方向は、その見えない核、つまりこのグローバルな相互依存性のうちの、望まれていない帰結をも示唆している。すなわちそれは、現在のコスモポリタン化——つまり「グローバルな他者」の終焉——を示している。グローバルな他者は、いまここにおいて、私たちの社会のなかに存在している。このことがまさにポイントである。すなわちここでのポイントは、哲学的コスモポリタニズムと社会科学的コスモポリタン化を区別することなのである。

　イマニュエル・カントの哲学的意味では、コスモポリタニズムとは、能動的なもの、ひとつの課題、意識的かつ自発的な選択、明らかにエリートのなすべきこと、つまり上からの目線を意味している。しかし今日、現実には、「平凡な」「強制的な」「不純な」コスモポリタン化が、望まれない形、見えない形でも展開されている。それは、表面下で、つまり今ある国家の空間や司法権やラベルの背後にある権力的かつ対立的なコスモポリタン化である。そうしたコスモポリタン化が、社会の上層部から、家族、仕事場、個人の生活史が展開される日常生活に至るまで広がっている。それは、とくに国旗が掲揚され続けるときも、さらには国民の態度・アイデンティティ・意識が強く主張されているときにも、見られるものである。

　平凡なコスモポリタン化は、たとえば世界中の町や市のどこでも日常的に手に入るずらりと並んだ食料品や料理のなかに見られる。十分なお金さえあれば、「世界を食べる」ことも可能だ。私は、他の研究者が「ポストモダンな折衷主義」だとみるものを、それは決してモダンに対立するものではなく、むしろモダンなものについての新しい「再帰性」なのだと考えている。したがって、世界中のさまざまな国のさまざまな物から、料理、グローバル・リスク、芸術とグローバルな文化対立(たとえば、デンマークにおけるマホメットの風刺画)などが集められ、比較され、配列され、そして「再構築」される。そこでは、新たな火種であるさまざまな「社会」の風景や社会の根本的な社会的不平等の風景が、マクロレベルでもミク

ロレベルでも再-地図化されなければならない。そして、そうした風景描写は、コミュニケーション、相互行為、労働、経済、そしてまた、そのようなあらゆる社会的・政治的な現実の実践を通して、等しくどこでも計画され実行されなければならない。

　「圧縮された近代」という概念を提示した韓国のチャン・キュンスップ Chang Kyung-Sup が書いたように、気候変動と同様に、21世紀における社会的かつ経済的な変化の大部分の主要推進力は、分化した形で、もっぱら一定の限られた国家群にのみ適用されるというものではない。次のような例を考えてみよう。グローバルな自由貿易と財政発動、企業の脱領域化とトランスナショナルな生産、国際労働力の使用、競争および階級対立、(IMFによって強制される) グローバル化された政策協議と規制、インターネット上でのコミュニケーションとサイバー空間、グローバルに編成される生命体の生命科学的な操作(徐々に人間の身体にまで及ぶようになってきている)、あらゆる種類のグローバル・リスク(財政危機、テロリズム、AIDS、豚インフルエンザ、SARS)、トランスナショナルな人口の再調整(労働力、配偶者、そして子どもからなる移民)、コスモポリタン化する芸術と芸能、そして最後に述べるが決して軽んじることができないグローバルに資金調達されて管理運営されている宗教戦争、といった例である。

　そこには、発展のレベル、地域、エスニシティ、宗教の違う国民のさまざまなグループが、それぞれ別個にこうした新たな文明化の力に晒されるような、永久に続く体系的な上下秩序、順番、選択といったものは存在しない。望む・望まないに関わらず、これらの事態はすべての国民が関わること、すべての人びとが関わることである。というのも、人びとは私が「再帰的コスモポリタン化」と呼ぶ新たな文明化過程に構造的に巻き込まれているからである。そして、それによってグローバルに共有される文明化過程は、「再帰的」近代あるいは「第二の」近代なのである。

　最近の世界の歴史は、文明化過程からの恩恵の問題ではなく、こうした新たな文明過程によってすべての国民が互いに内面化するように求められる存在者の問題を記述しているように思われる。その社会学的含意

は単純である。すなわち、グローバルな他者は私たちのなかにいる、である。孤立主義者の努力——それが保護貿易、宗教原理主義、自然原理主義、メディアやインターネットの統制であれ、その他のものであれ——は、すぐに国際的な道徳的非難を受けやすい（そしてその努力の効果はあまりない）。事実、こうした力を受け入れるか受け入れないかは、自由意思での政治的・社会的選択を超えている。なぜならば、そうした力はグローバルに再帰するもの、すなわち「コスモポリタンとして避けられない」もの——協力か、さもなければ失敗か——から不可避的に生じているからである。

3. 社会科学に対する「コスモポリタン的視角」

コスモポリタニズムおよびコスモポリタン化に関する議論は非常に活発になされているが、それがきわめて欧米的だという点はひとつのパラドクスである。そうした議論は、グローバル化について、また相互に結びついた世界におけるリスク、権利、責任についてなされている。しかしその議論は、不釣り合いな形で近代世界システムの古い「中核」からの見方（そしてかつての植民地の出身で、西洋で教育を受けたエリートの見方）を反映している。これは少なくとも次の4つの偏見の源となっている。

第1の偏見は、貧困、開発、あるいは経済発展に関する考察を含むよう努力はなされているが、コスモポリタン理論は富裕層の視点を反映しているというものである。第2は、多文化的な努力はなされているが、コスモポリタン理論は西洋に根ざしているというものだ。第3は、コスモポリタン理論はある文化を脱して普遍的なもの領域へと向かおうと想像力を働かせることによって、（あたかも旅行者が自分自身の文化的文脈だけでは方向づけられないかのように、そしてさらにあたかもそうしたグローバルな旅それ自体が新たな文化的文脈を与えることがないかのようにして）文化的偏見を免れようと努めているという点だ。

第4に、クレイグ・キャルフーンが書いているように、社会問題への

着目はあるものの、コスモポリタン理論は近代世界システムの（衰退しつつある）中核に根ざしているので、世界を現状以上に体系的・統一的な形で相互に連関しあっているものとして想像する傾向があるという点だ。これらの偏見は、まさしくコスモポリタン社会学が克服しなければならないものである。

　最後に、コスモポリタン的転回が含意していることを 7 つの命題の形でまとめて終わりにしよう。

1. 近代の初期の局面は、主に国民国家の観点から組織されている。国民国家は、市場やその他の現象が国境を越えているにもかかわらず、国民が直面する多くのリスクを国家内部で管理しようと努めている。
2. 近代の社会理論や政治理論は国民国家の支配とともに成長し、国民国家の現実の権力によって影響を受ける理想社会の暗黙のモデルとして、その国民国家を内面化したのである。
3. 初期の哲学的コスモポリタニズムはこうした文脈で展開されたが、それは、人びとの生活の社会学的条件は実際にはたいした問題ではないかのようにして、人びとに狭いナショナリスト的見解を倫理的に超越するように求めたのである。
4. グローバルな自由貿易と財政発動、企業の脱領域的で脱国家的な生産、グローバル化された労働力活用、インターネット・コミュニケーション、グローバルに編成された生命科学的な生命操作、そして最後になったが、もうひとつ重要なこととして、グローバルに財政支援され管理統制されている地域戦争を考えてみよう。最近の戦争の歴史は、こうした文明化された新たな力を——そこから利益を得ることは言うまでもなく——維持することによって、すべての国民がその力を互いに積極的に内面化しあうことが求められているという点を描き出してきたように思われる。これは、私が「（再帰的）コスモポリタン化」と呼ぶものである。そしてまた、グローバルに

共有された文明化の状態は「再帰的」近代あるいは「第二」近代と呼ばれる。
5. 私は、国民国家が消滅するとは見ていない。国民国家は、グローバルな権力ゲームの多くのアクターのなかのひとつに過ぎないものとなると見ている。絞られるべき焦点は、そうしたグローバルな権力ゲームに対してであって、国民国家に対してではない。
6. このような焦点の移行によって、概念的、理論的、方法論的のみならず、研究のあり方そのものの点でも社会科学の再構築が求められる。社会科学の基本諸概念――とくに国民国家的な諸概念――の再検討が必要だ。その多くは、そうした概念がかつて結びついていた世界がいまはもはや存在しないにもかかわらず生き延びている「死せるゾンビ概念」である。
7. コスモポリタン社会学は、社会科学の根本的な再組織化や、方法論的ナショナリズムから方法論的コスモポリタニズムへという焦点の劇的な移行だけでなく、その志向性においても批判的でなければならない。批判的な焦点のひとつは、増大する世界の不平等に向けられなければならない。国民国家に焦点を当てることは、経験的な社会学が支配と不平等のトランスナショナルな根本的変容に対して目を向けさないようにする国民国家の命令に、「客観的」で「価値自由な」社会学が恥知らずな形で服従することにつながっているのである。

コスモポリタン的転回には、もし私たちがカエルにキスすることなく、そしてそのカエルが王子になる――池のなかの花茎や花々を、またコスモポリタン時代の新たな一連の紛争、行為者、制度を、改めて地図化しなおし始めるものとなる――かどうかが分らないなかで、危険もあれば好機もある。しかし結局のところ、キスすることは誰に対しても傷つけることにはならないだろう。

*　　*　　*

コスモポリタン社会学の議論のためには、Ulrich Beck/Edgar Grande (eds): Varieties of Second Modernity: Extra European and European Experiences and Perspectives, *British Journal of Sociology* 61(3), 2010、および *Soziale Welt* 61 (3/4), 2010 を参照してほしい。

(西原和久訳)

2. どのようにして世界社会学を織り上げることができるのか

レイウィン・コンネル

　ウルリッヒ・ベックは、想像力あふれた独創的な社会学者である。私たちはみな、彼の『リスク社会』におけるヨーロッパの社会的ダイナミクスに関する素晴らしい再検討から多くを学んでいる。1990年代には、多くの研究仲間と同様、ベックもまた「グローバル化」を見出し、そして私たちに『世界リスク社会論』や『グローバル化とは何か』を与えてくれた。彼は今回、「コスモポリタン」社会学という題名で、社会学者全体に向けたアジェンダとして、前掲の論考を提出した。

　ベックが世界規模で社会学について考えようと努めていることは大変喜ばしい。しかし彼は、社会学を織り上げていく適切な基本型をもっているのだろうか。ベックは、コスモポリタニズムに関する議論が過度に欧米的であることを遺憾だと記しているが、その理由までは論じていない。

　ベックがこれまでの社会学のなかに見た中心問題は、「方法論的ナショナリズム」の問題、すなわち国民国家が社会的現実の器であると想定している方法や理論の問題である。『ストリート・コーナーソサエティ』[都市のエスノグラフィの名著といわれているW. F. ホワイトの著作名]、『欧米におけるポーランド農民』[W. I. トーマスとF. ズナニエッキの共著で、古典といわれる名著]、あるいは『イデオロギーとユートピア』[K. マンハイム知識社会学の代表作]のなかに、方法論的ナショナリズムを見出すことはそれほど簡単なことではないが、この点は問わないことにしよう。より重要なことは、ベックの歴史把握では、欧米社会学の最初の2つの

世代が、すなわちコントやスペンサーからエンゲルスへ、そしてテンニースからデュルケム・ウォード・ヴェーバー・サムナーが、除外されていることである。

　19世紀社会学はすでにグローバル化されていた。それは、準拠点として国民国家ではなく人類史全体を取り上げていた。また19世紀社会学は、植民地世界からの多くのデータを引出し、その社会「進歩」の概念はグローバルな帝国主義を理解する方法を提供していた。そしてその時が最高潮であった。

　帝国主義と植民地主義は、ベックが述べていない言葉である。多くのグローバル化論者と同様、ベックも「世界システム論や従属理論」といった粗雑な議論からは距離を取っている。彼は、ボーダーレスな相互連関性という考え方、つまり近代性が世界全体に浸出したインクのしみのようなもの、を好んでいる。彼が提示した日常にありふれたコスモポリタン化の例――グローバル化に関するテキストのなかにみられる共通な修辞法だが――は、レストランに行って多くの国・地域の料理を食べることができるというものだ。つまり、お金さえあれば、「世界を食べる」ことも可能だ。

　しかし、ベックの例に社会学的な疑問を発してみよう。どのような社会集団にとって、「世界を食べる」が不可能なのか、と。そうした集団とは、いままさに絶対的貧困のなかで生活している何百万という人びとではないだろうか。おそらくそうした人びとは、農村部などで暮らしている人びとだろう。世界の人口の半分はまだ都市以外で生活している。また、家父長制の慣習によって禁じられているにせよ、老人あるいは子どもの世話に縛り付けられているにせよ、レストランに行くために家を離れられない女性たちもいる。あるいはまた、厳しい工場労働で疲れ果てて、料理店をはしごするようなことができない男性や女性もいる。さらに、レストランに入ることすら許されない障害者や感染者、あるいはスティグマ化されたカーストや人種の人たちもいる。

　要するに、この「第二近代」という見解は、特権的な少数者の経験を反

映し、それを世界の新たな現実だとみなしているのである。

　ベックの「コスモポリタン」モデルをそのひとつの展開形とするグローバル化理論は、ヨーロッパや北米で展開された社会分析のモデルを採用し、それを世界規模に投影することで、つねに展開されてきた。こうした考え方は、豊かな北半球の知識人から導かれ、北半球の経験、まさに豊かな北（グローバル・ノース）の特権的な集団の経験から育っている。国民国家の衰退、再帰性、多様性、相互連関性、グローバルなテロ、「まさに私たちのなかにいるグローバルな他者」――これらの概念のなかに、私たちは「北」の語りを聞くことができるのではないだろうか。

　私はいまこのコメントを、イギリスからの入植者のひ孫として私が住むオーストラリアで書いている。先住民アボリジニの観点からいえば、200年間にわたり「グローバルな他者」は「ここオーストラリアの私たちのなかに居続けている。イギリスは1788年、後にオーストラリアと呼ぶことになる領土を征服し始めた。その時代はまさに、カントがケーニヒスベルクで永遠平和とコスモポリタン法を夢見ていた時期である。グローバルな他者は、それよりも200年以上まえに、後にラテンアメリカと呼ばれる領土に火器と刀剣を持ち込んだ。そして、グローバルな他者は、その何百年後には、アフリカを征服し搾取を完全なものにした。とくにコンゴのような地域では、異常なまでの暴力過程を伴って、である。

　しかしながら、ベックの分析では、「第二近代」においては「永久に続く体系的な上下関係は……存在しない」ので、世界の大部分の社会の歴史はさほど重要ではないということになる。地球全体のすべての人が、同一の時期に、同一の程度で、構造的に再帰的コスモポリタン化に巻き込まれている。そんなことはありえない！

　ヨーロッパ中心的な思考の枠組みから抜け出す方法は、非ヨーロッパの思考の枠組みを学ぶことが最も確実だろう。そして、このことが現代の社会学的思考の真の課題、すなわちベックのような例を越えて、つまり指導的な専門家が西洋以外のマジョリティの世界の社会思想を研究しないという例を越えて、さらに先に進んでいくという課題である。

イギリス社会学会誌 (BJS) で、ベックとグランデは現代社会学の優れた理論をリスト・アップしている。ブルデュー、コールマン、フーコー、ギデンズ、ゴフマン、ハーバーマス、ルーマン、メイヤー、パーソンズ、そしてベックも。また、ひとつの社会から得たアイデアが社会一般に暗黙の裡に適用されるときは、問題があるとも記している。それは正しい。だが、ベックらが言わなかったことは、ブルデューやコールマンなどの理論がどこか任意の「社会」から生まれたのではなく、グローバルな中心地から生まれたのであって、このことが彼らの理論が支配的となっている理由なのである。システム的な世界の上下関係があるとすれば、まさにここにその痕跡がある。ベックの論考の注にも、多くの社会学理論の授業の読書リストにも、主に第三世界の研究者たちであるナンディ、フォントンディー、ガルシア・カンクリーニ、ドス・サントス、クイジャーノ、エル・サダーウィ、モンテシーノ、シャリアーティ、あるいはスピヴァックさえも、見出すことがない。この人たちは皆、先に挙げた 10 名の社会思想家群と同様に、素晴らしく洞察にあふれた人びとであるが、欧米で生じて伝えられるような堅固な制度的な中心性を欠いており、その著作の大部分は周縁部の著作なのである。

　私たちは、グローバルな知識社会学という感性を必要としている。この最良の説明は、西アフリカのベナンの哲学者パウリン・フォントンディーとその同僚たちがおこなっている。植民地主義は、学問におけるグローバルな分業も定める。そしてそれは、ポストコロニアルな時代にも継続する。周縁部は主にデータのひとつの鉱脈として役立ち、理論化は中心部でなされる。理論の産出後に、知識が応用科学として、あるいは勉強する学生のための学問のパッケージ化された見解として、周縁部に再輸出される。フォントンディーは、権威の外部源泉に向けられた「外向性」のひとつとして、周縁部の知識人の特徴的なスタンスを描いている。すなわち、中心部からきた教科書を読み、中心部から方法を学び、さらに進んだ訓練を受けるべく中心部に旅立ち、中心部のジャーナルに論文を載せようと努力し、中心部に集まっている「見えない学界」に加わると

いうものである。読者の皆さんは、社会学でも似たようなことを見聞できるのではないだろうか。

　社会科学にとって、中心部の思考に対する最も力強い代替案は、植民地主義以前ではなく、植民地主義とその展開に対応する形で生じてきたものである。社会思想の歴史の章では、ジャマールッディーン・アフガーニー［イスラムの思想家］、孫文、ソル・プラージェ、およびフランツ・ファノンやアリー・シャリアーティのような、後の世代に関心がもたれる人びとだろう。こうした人びとは政治史においては馴染みの人物だが、社会学の「古典理論」のリストには載らない。彼らは、大規模な社会変革について批判的分析を始めた人びととして、そこに載せられるべき人びとである。

　植民地化された世界やポストコロニアルな世界から生じている社会思想の多くのパースペクティブを再発見し、評価し、関連づけていくために、読書リストを変更するような社会学の動きが育ち始めている。こうした契機を示しているのは、『不平等な世界に向き合う――グローバル社会学 (global sociology) の挑戦』『多様性をもった社会学的伝統のための国際社会学会ハンドブック』『ヨーロッパ社会学を脱植民地化する』とそれぞれ名づけられた 2010 年の 3 つの出版物である。このような文献には、近年に周縁部で刊行された他の文献とともに、本当の意味での世界社会学 (world sociology) を織り上げていくアイデアと素材の宝が詰まっているのである。

（西原和久訳）

3. フレッシュ・キドニー
――コスモポリタン理論は南の社会学に何を語るべきか

ウルリッヒ・ベック

　私たち社会学者が世界の諸問題について共に議論する場である『グローバル・ダイアログ』は発刊し始めたばかりであるが、それがいま「グローバル・モノローグ」になってしまう重大な危機に瀕している。私はかつて自分の論文で次のように述べたが、それは現在の状況にも当てはまる。「私たちはコスモポリタニズムの時代ではなく、コスモポリタン化（cosmopolitization）の時代を生きている」。レイウィン・コンネルは、次のように修辞的に問いかける。「私たちは、これらの概念において北の語りを聞いているのではないだろうか」と。

　そこでまず、何が「コスモポリタン化」ではないのかについて挙げておきたい。レイウィン・コンネルが示唆したように、コスモポリタン化とは19世紀社会学における啓蒙的な普遍主義を無視することではない。それは、「特権を与えられたマイノリティの経験と、世界における新たな現実としての処遇」を反映するものでもない。それはどこか高い位置にある、いわゆるヨーロッパ啓蒙思想からの視点でもない。そしてそれは、「私たちはすべて繋がっている」という浅薄な政治的メッセージを伝えるよう意図されたものでもなければ、帝国主義やグローバルな権力関係のあり方を正常なものにしようとするものでもない。

　では「コスモポリタン化」という概念は、何について語るべきであろうか。なぜコスモポリタン化は、数ある「コスモポリタニズム」――カント、ヘーゲル、ハーバーマス、ヌスバウム、アッピア、ベンハビブ、ヘルド

らが論じたもの——から明確に区別することが重要なのか。それは、「コスモポリタン化」が「倫理」ではなく「事実」だからである。このことを論じるのに、「フレッシュ・キドニー（新鮮な腎臓）」ほど分かりやすい例はないだろう。

ナンシー・シェーパー・ヒューズによれば、移植医療の勝利（危機ではない！）は、それ自身の倫理的基盤を一蹴し、「フレッシュな」臓器を売買する世界市場への供給側になることによって、目に見えない影の経済への水門を開いた。この徹底的に不平等な世界においては、わずかばかりのお金を得るために、腎臓や肝臓の一部、肺、目、そして睾丸までも必死に売ろうとする絶望的な状況にある人びとがいることは明らかである。そして、臓器入手に必死な金持ちの患者の運命と、同じく必死な貧者の運命とが、それぞれ生存という基本的な問題を解決しようともがき苦しむことによって、眼に見えない形で反目しているのである。これが、不純な現実に存在する、剝奪のコスモポリタン化というものである。

世界から排除された者や政治的に追放された者——難民、ホームレス、ストリート・チルドレン、非正規雇用労働者、囚人、高齢の売春婦、煙草密輸入者、そしてコソ泥たち——も、自分の臓器を売るように誘われる。このような流れは、非常に肥えた体のなかに、しかも地球上で他人から臓器を買って自分の体に組み込むことができるお金持ちのなかに、身体的、道徳的、そして経済的に「現実化される」ようになってきている。

新自由主義的な資本主義と制限なく選択可能な基本的・民主的権利の名のもとに、モダニティの根本的な価値——身体の、人間としての、そして生と死の意味での、主権——が、誰もそれが私たちのコスモポリタン化時代を象徴するプロセスだと気づかないまま、虐げられている。

コスモポリタン化された身体、風景、大陸、人種、階級、国家そして宗教は、すべてが融合する。ムスリムの腎臓が、キリスト教徒の血液中の老廃物を濾過する。白人の人種差別主義者が、ひとつかそれ以上の数の黒人の肺の助けを借りて呼吸する。金髪のマネージャーが、アフリカ系ストリート・チルドレンの眼を通して、世界をじっと見つめる。世俗

の億万長者が、ブラジルのスラム街で暮らしていたプロテスタントの売春婦から切り取った肝臓のおかげで生き永らえる。富める者たちの身体は、パッチワーク化された絨毯のようになる。

　一方、貧しい者は、現実的もしくは潜在的に、片目で、腎臓が片方だけの部分交換用の倉庫状態になるが、それは「彼ら自身の自由意思によって」もしくは「彼ら自身の良心に従って」起こったことだとされる。そしてこの点は、「裕福な」病人たちがしきりに自分自身を再確認する点である。彼らにとって自分の臓器を少しずつ売ることが、自分の生命保険となっているのだ。そのプロセスの反対側では、生政治的な「世界市民」──白人で男性の身体を持ち、健康かもしくは肥満であり、インド人かムスリムの眼を持っている、など──が出現している。一般的に、生体腎の流通は、南から北へ、貧しい身体から富める身体へ、黒や褐色の身体から白い身体へ、女性から男性へ、もしくは貧しい男性から富める者へ、というように確立された資本の経路に従っている。女性は、世界中どこであっても臓器売買による受益者となることはめったにない。このように、コスモポリタン化の時代は、臓器の販売国家と臓器の購入国家へと分けられて、そしてそれらが再結合されるのである。

　コスモポリタン化の時代は、良かれ悪しかれ、私たちすべてが分かちあう世界、そしてそれはもはや「外部がない」「出口がない」「他者のいない」世界を意味する。私たちは、「北の語り」をどんなに的確で痛烈に批判しようが、そして「南の語り」をどんなに無視しようが、このリスク社会 (Beck 2009)──その支配の影響下にあるだけでなく、自らを危機に晒すこと、崩壊、苦痛、搾取によって汚染された社会──において、これらの言説が混交し矛盾する枠組みや状況と共に生きることを運命づけられているのだ、と認識しなくてはならない。すべての人を部外者のままにとどめてしまうような自律の夢は、すべて捨て去ろう！そして、社会科学における「南の声」と「北の声」を明確に区別する「地理に基づく人種差別」もすべて捨て去ろう！

　こうした言い方は、「北の語り」であろうか。それとも「南の語り」なの

だろうか。いや、その両方である。そして、これらの相反する視点を社会学的分析のレベルで体系的に組み合わせる方法を探すことが、「方法論的コスモポリタニズム」の意味することなのである。

　「フレッシュ・キドニー」の場合は例外なのだろうか。そうではない。コスモポリタン化のプロセスは、たとえば家族、世帯、階級、労働環境と労働市場、学校、村落、都市、科学、市民的社会運動、そして一神教宗教組織といったような、世界中すべての種類の中間制度に対して根本的に影響を与え、変化させる。コスモポリタン化のプロセスは、人びとがますます世界に四散するディアスポラ性が、国家もしくは国家に類似したものの境界内に収まっているような、多中心性をもった世界に存在している。このプロセスは、気候変動や世界同時金融リスクといった現象も含む。たとえば、コスモポリタン化された「グローバルな家族」は、長距離という壁に阻まれつつも親密性をもつというパラドクスと世界矛盾との両方を体現しているのである。この矛盾は、そのような家族によって実践されているのだ。二重国籍に関わる結婚、両親、カップルがおり、それらが二国間やある国家内におけるマジョリティとマイノリティとのコミュニティ間の緊張を表す可能性がある一方で、移民家族は中心層と周辺層の間の緊張を取り込む可能性がある。このようなグローバルな家族と長距離間の親密性は、因習的な古い知恵を再検討させ、「遠く離れた愛情」についての力強く新しい語りとその矛盾に備えるきっかけとなる。それは、国家によってプログラム化され、法に盛り込まれてきた無知の状態を映し出している。遠く離れた愛情とグローバルにつながる家族は、文化的な苦痛――帝国主義の歴史に端を発するグローバル・レベルでの不平等が今日まで続いているという激怒・憤怒――に耐えて戦うという設定になる。

　そして、母性のコスモポリタン化も同様に存在している。医療補助を受けた生殖技術は、新たな、そして勇敢な選択肢（言葉に表しようがない！）のある世界の扉を開いた。そして「卵子提供母」や「代理母」という選択肢に当てはめると、「私の母親はスペイン人の卵子提供者でした」や「私の

母親はインド人の代理母でした」ということになる。このように、生命科学的操作によって、グローバル・レベルでの不平等は、人間の身体とアイデンティティにも組み込まれているのである。

　しかし、コスモポリタン化を語ることは、植民地主義についての古めかしい語りの新たなバージョンに過ぎないのではないのだろうか。スチュアート・ホールがかつて次のように書いた有名な表現がある。「私たちはずっと、イギリス人という名の紅茶のなかに入れられた砂糖のような存在だ」。それゆえ、そこには明らかにし認識されるべき連続性と差異性がある。コスモポリタン化という観念は、グローバル化言説の大部分にみられる「地域的バイアス」を克服し、今日の「文化的苦痛」の歴史に敏感でなければならない。それは同時に「再帰的近代化」に関する、現時点での将来予想でもある。というのも世界資本主義の「勝利」が、コミュニケーションと医療技術、そしてそれらの「副作用」との組み合わせによって、南北国民国家のモダニティのもつ制度とその基本的な二分法——ナショナル／インターナショナル、我々／彼等、文化／自然、中心／周縁——を侵食するからである。私たちは、世界のコスモポリタン化が急進的に変化することを目撃さえするかもしれない。かつての中心は、世界の一定地域で発展している「過去のポストコロニアル」、とくに中国やインドによって、「前‐植民地化」されているではないのだろうか。たとえば中国は今日、欧州危機と闘うことを誓うと同時に、自分の投資を保護する形で欧州問題に干渉している。欧州を包括することにより、中国は自分を保護しているのだ。これもコスモポリタン化である。

　そこで、次のようなことは確かだと言える。すなわち、社会学の古典が「方法論的コスモポリタニズム」のパイオニアとされてきたかどうかにかかわらず、今日の「方法論的ナショナリズム」が、時代を画するコスモポリタン化の諸事実に関して、「北」と「南」の両方の社会学を見えない状態にしているということである。

　それはなぜなのだろうか。国家がそのまなざしを注ぐもの、つまりひとつの領地、ひとつのパスポート、そしてひとつのアイデンティティは、

世俗の三位一体である。そのため、社会的不平等に対する国家の態度は真逆になる。それは、国民国家の境界線で止められている。社会的不平等が、あたかも開花して咲き乱れるような場合でも、それはつねに国家の塀のなかの庭で生じるものだ。つまりそれは、せいぜい国家内の反倫理的な不法行為の原因でしかなく、政治的にはあまり意義をもたないものである。

　国家の境界線は、我々と彼等の間、そして政治的に意義をもつ不平等と意義をもたない不平等の間に、明確な線引きをした。法的に制度化される焦点は、国民社会の内側の不平等に置かれている。それと同時に、複数の国民社会の間での不平等は消え失せていく。グローバル・レベルでの不平等を「正当化」することは、「見て見ぬふりをすること」が制度化されていることに基づいている。たとえば、ヨーロッパにおいて国家が注視することは、世界にある悲惨さを直視することからの「解放」である。それは双方向からの排除というやり方によってなされる。それは排除されたものを排除する。そして、不平等に関する社会学も、国民国家間の不平等とその他の一般的な不平等とを同一視しており、不平等に対して決して反省する側ではない。グローバル・レベルでの不平等が、国民国家の政府と国民国家の社会学——価値自由つまり価値中立性を主張する社会学！——との間での暗黙の合意に基づいて、非常に強固に「制度化」されているということは、本当に驚くばかりである。

　レイウィン・コンネルは次のように論じている。「確実なことは、ヨーロッパ中心的な思考の枠組みを打ち破る方法が、非ヨーロッパ中心の思考枠組みを研究することにある」。しかし、私はこの論に同意はしない。むしろ、今日の世界を作り上げているモダニティのまだら状態を測定するにあたり、私たちは「ポスト南」と「ポスト北」という枠組を定義し、発見し、つなぎ合わせる必要がある。そしてその意図は、どこにもないような客観的な「神の視点」という幻想を再確認することではなく、フランス、オーストラリア、日本、メキシコ、インド、南アフリカなどで見受けられる日常的な社会学的問題に対する実践的解答を見出すことにある。

では、どのようにコスモポリタン化された世界における混合物・混和物を調査することができるのか。

このことは、コスモポリタン理論がすべて提案すべきものであろうか。その理論の批判的な辛辣さと希望はどこにあるのだろうか。まだ純化されていないコスモポリタン化が、グローバル・レベルでの統治を支えるものとして「現状」に組み込まれることはないのだろうか。それとも、コスモポリタン理論は、批判的な影響力を押し上げる段階的な力や手段を持っているのだろうか。コスモポリタン理論は、批判的な自己再帰的コスモポリタニズム(複数の!)へと自力で引き上げられるのだろうか。もちろん、可能性はある。だが、このことはもうひとつ別のさらに問われるべき重要な問題であろう。

以上、コスモポリタン理論を考えるにあたって、もうひとつの読みの可能性を提供してくださったレイウィン・コンネル氏に、心から感謝したい。

(芝真里・西原和久訳)

4. コスモポリタニズムからパブリック・ソシオロジーへ

ヘルマ・ルッツ

「コスモポリタニズム」とは、啓蒙主義に根ざした規範的な用語である。そして、コスモポリタニズムは、公正、民主主義、人権について議論する場合に検討される倫理的な概念である。寛容性は、コスモポリタニズムのハビトゥスを育むために欠かせないものだと考えられるが、寛容性という語が具体的に何を示しているかは必ずしも明確ではない。コスモポリタニズムは、多様なライフスタイルを認めるというように、相互理解を深め、政治的平等を促す一方で、権力や支配、社会的排除(抑圧的寛容)のための道具として利用されることもある。そこでは、(1) ありとあらゆる文化的・民族的差異はすべて許容されるべきなのか、または許容することができるのか(ヨアスの問題提起)、(2) 抑圧的寛容または受容的寛容を実践するとして、そのことをどのように正当化すべきなのか(フォルストの問題提起)、ということが争点となってきた。もし寛容性をコスモポリタニズムのための必須要件とみなすならば、多様な民族と文化が混在するなかで、「コスモポリタニズム」を主張することにはどのような意味があるのだろうか。

今日の民主主義国家における都市空間では、エリート主義的な「上からのコスモポリタニズム」ではなく、むしろ「下からのコスモポリタニズム」が必要とされている。スチュアート・ホールは、「下からのコスモポリタニズム」に言及しながら「バナキュラー・コスモポリタニズム」という概念を使用している。「バナキュラー・コスモポリタニズム」とは、自分と

は異なる文化を持つ人びとと日常的に接する経験を通して形成されるコスモポリタニズムである。

しかしホールは、「文化はさまざまな規則や伝統の集合であり、内部矛盾がなく一貫した単一のものである。そして文化間の境界は明瞭である」という考え方には注意が必要だとしている。「私たちの世界を単純にいくつかの文化に分割することはできない」。むしろ私たちに必要なことは、ひとつの文化やひとつのアイデンティティには限界があることを知ることである。すなわち、どのようなコミュニティに属しているかという情報だけでは、その人物がどのような人間であるかを十分に理解することはできない。とくに都市空間においては、きわめて多様な文化的表現が対立し、相互に影響を及ぼし合っている。同時に、異なる文化に対する評価や受容についても人びとの間にかなりのバリエーションがある。ある人びとは、習慣や服装や伝統のような目に見える差異に着目し、それにこだわってしまうことさえある。そのような人びとは、服装などの差異を、差異の持ち主が自分たちの生き方とは距離があることの表れだと考えてしまう。

一方、別の人びとは、他者と自分たちとの価値観や慣習の共通性に積極的に着目する。たとえば、そうした人びとは、文化は異なっていたとしても、若者や女性や母親たちが同じような経験をしていることに目を向ける。都市社会においては、若者や女性や母親は、異なる文化を持つ他者とともに暮らしていく方法を見つけ出す必要がある。実践的な場面では、コスモポリタニズムとは交渉することを意味する。共通性と異質性との間で妥協点を探りながら継続的に交渉するのである。この交渉のプロセスは、決して和やかなものではない。小競り合いや論争があり、多くのエネルギーを消耗するものである。

筆者が住んでいるフランクフルト市を例に挙げると、昨年（2010年）の一年間は都市政策の方向性を変えるための準備期間であり、フランクフルト市の統合委員であるナルゲス・エスカンダリ＝グリューンベルクは、統合と多様性という新しい概念を導入した。これらの概念は、各地で行

われた何百ものミーティングや討論会で議論の対象となった概念である。これらの討論会は、性別、年齢、宗教、所属階層、民族が異なる人びとができるだけ多く参加できるようにインターネット上で開催され、2010年10月末までに47,000人が参加した。これらの討論会の目的は、どのようにして移民やその子孫を分離する政治的伝統から距離を置き、多様なライフスタイルを持つ個々人の文化的要請に着目するかについて、人びとに対話を促すことであった。筆者の知る限り、このような取り組みをおこなっているのはドイツだけであり、人びとの意見に耳を傾け、多様性を認め、ときには旧来的な市民の考え方に挑戦することについて、政治家たちは多くの人びとから賛同を得た。

　しかし、フランクフルトは他のドイツの都市の影響をまったく受けないわけではない。2010年の夏、ドイツ中央銀行の評議委員会の著名なメンバーであるティロ・ザラツィンが出版した『ドイツの消滅』という本がきっかけとなって、ある論争が始まった。この本のなかで、ザラツィンは、ドイツの生活保護受給者とムスリムは犯罪者であると主張し、ドイツ的「民族性」がすっかり失われてしまったドイツの将来像を描き出した。アフリカ系アメリカ人の社会問題は、彼らの遺伝子に由来すると主張した悪名高い『釣鐘曲線』(The Bell Curve)の著者たちと同様に、ザラツィンはドイツで周辺的な位置に置かれている人びとの間に見られる文化的な腐敗には遺伝的基盤があると指摘した。これら2冊の本はともに、幅広い研究から得られた統計データを用いることで、本来は不完全である彼らの見解が純粋に科学的な根拠によって裏付けられている、と主張している。

　ザラツィンの主張は目新しいものではないけれども、その本はドイツにおけるコミュニケーションの風潮に対してきわめて大きな影響を及ぼした。ザラツィンは、国家レベルまたは地域レベルでの政治的な議論の中心に飛び込んでいくことが可能となり、彼の本は100万部以上を売り上げるベストセラーとなった。彼の主張はカフェや街頭で議論の的となり、村においても都市においても関心が持たれた。ザラツィンの本の宣伝と議論の普及に対して、メディアは大きな役割を果たした。社会民主

党員の一員であり、ベルリンの前財務大臣であったザラツィンは、「公共の福祉に貢献する知識人」の仲間入りを果たしたかのように振る舞っており、「真実を語ること」や「政治的正当性と移民問題、とくにトルコやアラブ諸国からの移民の問題に関するタブーへの挑戦」を恐れないかのようであった。

ザラツィンはドイツ的「民族性」がすっかり失われてしまったドイツの将来像を描き出した

上記の論争以外にも、関連するものとしては、以下のような考え方に関する議論があった。

- 政治家や政府と一般市民の間には距離がありすぎる。政府は多数派の市民の承諾を得ることなしに意志決定をしてしまう。政府は人びとが本当に心配している事柄について考慮していない。
- ドイツは文化的に同質性の高い社会であり、イスラムは脅威である。
- ドイツは移民の国ではない。移民が流入して来るのは一時的な現象であるべきであり、移民が定住することはドイツ社会の連帯と国家のアイデンティティにとって大きな問題である。

多くの知識人や政治家はザラツィンを支持した。ただし、それはザラツィンの遺伝子に関する議論への支持ではなく、移民を制限する議論には政治的正当性があり、多文化主義は左翼のキメラ的思想にすぎず、移民、とくにムスリムは問題を引き起こす、という彼の考え方に対する支持であった。知識人や政治家たちの支持は、ザラツィンの本を過剰に評価することにつながった。しかし、その一方で、このような考え方に反対する政治家や知識人も存在した。社会民主党はザラツィンを離党させる手続きをとり、ドイツ銀行も評議委員から外れるようにザラツィンに圧力をかけた。しかし、もう一方では、権力のある政治家や有名なフェ

ミニスト、科学者や芸術家たちがイスラム・バッシングに支持を表明した。最後には、移民やムスリムに対して肯定的または否定的な立場の双方で、さまざまな意見や利害関係が複雑に絡み合い、全体的な雰囲気は敵対的なものとなった。そして肯定と否定の両者の意見はますます硬直したものとなってしまった。このような状況で極右政党は力を増し、移民に関する議論を合理的な視点から押し進める機会はほとんど無くなってしまった。ザラツィンの分析に疑義を呈する人びとは、ザラツィンの主張とは矛盾するさまざまな研究結果を示したが、それは無益な戦いであった。敵対的な雰囲気は、もはや「覆水盆に返らず」という様相だったのである。

　このような事実は、フランクフルトにおける多様性に関する議論にとってどのような意味を持つだろうか。社会学にとって、上記の論争は非常に興味深いものである。上記の論争からは、数多くの新たなリサーチ・クエスチョンが生み出される。これらのリサーチ・クエスチョンに解答するためには、論争に関与したさまざまな政党を観察し、新聞記事を分析し、メディアにおける論争を描写し、そしてザラツィンの本の後遺症に対して「バランスのとれた」論文や本を書こうという考えを持つことが必要である。それはまさにマックス・ヴェーバーが「専門的な職業としての社会学」と呼んだ作業である。これは科学を政治から分離し、「価値自由」な記述にこだわり続ける作業でもある。しかし、このような社会学に対しては、かつてはラディカル・ソシオロジーと呼ばれ、現在はパブリック・ソシオロジーと呼ばれているものによって、「下から」すなわち市民社会とその担い手である市民の観点から、異議が唱えられている。パブリック・ソシオロジーの観点からは――アドルノや他のフランクフルト学派の研究者がその先駆者だと考えられているが――、お互いを尊重した開放的なコミュニケーションを脅かすような論争、とくに人びとを扇動して特定の集団をスケープゴートにするような議論に対しては、社会学の側から介入していくことが重要であるとされている。

　したがって、スケープゴートにされかねない「無言の」集団のために場

所を空けることが重要である。彼らは移民としての背景を持っていることもあれば、そうでないこともあるだろうし、私たちと職場を共有したり、学校や大学で一緒にスポーツをしたり勉強したりしていることもあるだろう。あるいは、国際結婚した家族の一員として接することもあるだろう。大学や市はある共通した関心をもつと考えられる。つまり、お互いを尊重し合い、学生たちが自らの能力を高めることができる雰囲気を作り出したいならば、私たちは公的な議論に参加する必要がある。このような議論から、学生たちはさまざまな形で影響を受けるだろう。したがって、筆者の願いは対話を促すことであり、「いかにして恐れを持たずに異質なものと共存するか」というアドルノの問いを、コスモポリタニズムに関する議論のモットーとしたい。この議論には、学生、教師、教授、銀行の役員、政治家、タクシーの運転手など多くの人びとが参加することが望まれる。これはとても困難な作業であるかもしれないが、まったくの夢物語に過ぎないわけでもない。このような議論は、どんな形であれ人びとのあいだの敵意を沈静化し、下からのコスモポリタニズムを実現することに繋がっていくであろう。

（塩谷芳也訳）

コラム

エジプトからの手紙:「牛ふん転がし」(Cow Dung Rolling) という調査手法

レイ・ジュレイディニ

　私は、かつての教え子で、現在は南スーダンの首都ジュバで働いている人から、以下のような手紙を受け取りました。

　「私はアフリカ人の学生たちに対して『スノーボール』サンプリング手法を説明しようとする際に、スノー・ボール(雪玉)が何なのか知る由もないアフリカ人にとって、この状況はまるで悪夢のように不快な状況であることがわかりました。

　そこでまず私は、雪玉を転がすプロセスと、どのようにして雪玉がだんだん大きくなっていくのかを説明しました。その後で、転がすことによってどんどん大きくなっていくもので、みんながよく知っているものはないか、と尋ねました。そうすれば、『スノーボール』サンプリング手法にアフリカ流の名前を与えることができると考えたのです。

　長い沈黙の後、後方にいた研究生が口火を切りました。『それはちょうど私たちが牛ふんを転がすのと同じです。』

　そして、スノーボール・サンプリング手法は現在こちらでは、『牛ふん転がし』サンプリング手法として説明されています。」

(芝真里訳)

牛ふん転がしの様子

第2部

専門分野としての社会学の使命

5. グローバル社会学のためのリアル・ユートピア

エリック・オーリン・ライト

＊エリック・ライトはアメリカ社会学会の 2012 年から 2013 年にかけての会長であり、その任期中のテーマは、彼の最新の著書のタイトルでもある「リアル・ユートピアの構想」になるだろうと言われている。今回、彼にはリアル・ユートピア (Real Utopia) という語が何を意味しているのか、またそれがグローバル社会学とどう関係があるのか、1500 語以内で説明するようお願いをした。彼がこの課題に応えられたか考えてみよう。

リアル・ユートピア (Real Utopia) という概念は、あらゆる形式の批判社会学の根本的な主張に根ざしたものである。その主張とは、私たちの社会的な構造と制度が組織化されていることの帰結として、さまざまな形で人びとが苦しみ、豊かさのなかでの貧困があふれる世界で私たちは生きている、ということである。豊かさのなかの貧困は、変えることのできない自然の法則を反映したものではなく、人類の繁栄の可能性に大きな影響を与える権力と不平等の社会的組織が存在していることの結果である。この根本的な主張は、批判社会学にとって重要な 3 つの課題を示唆している。第 1 の課題は、これらの害悪の社会的な原因を分析すること。第 2 の課題は、これらに代わる制度と構造を作りだすこと。そして第 3 の課題は、現在からユートピアへと到達する方法を教えるような変化の理論を作り出すことである。Real Utopia の研究は、これらの課題のうち、第 2 の課題にアプローチするための方法である。

「Real Utopia」という語のなかの Utopia は、私たちが望む公正で人間的な

世界を実現するために、現在支配的である諸制度の代替案つまりオルタナティブを考えることを意味する。これは、どのような社会制度に従って道徳的基準が判断されるのかを理解し、どのような社会制度改革がそれらの価値を本当に実現しうるのかを探究するという、根本的に道徳的な問題である。「Real Utopia」という語のなかの Real もまた、現在支配的な制度のオルタナティブを探究することを意味しているが、Utopia よりも、意図せざる結果と自己破壊的なダイナミクスの問題に焦点が当てられる。私たちが必要としているものは、人類の繁栄に対する私たちの最も深い熱意と同時に、実行可能な制度の実践的デザインの問題を真剣に取り上げて、現実世界にその熱意をもたらすことに注意深くあるような、現存の社会制度に対する明快・厳密で「実現可能な」オルタナティブのモデルなのである。

　「リアル・ユートピア」を探究することは、現在の社会学だけでなく、将来の社会学を発展させることも含意している。しかし、どのようにすれば、机上の空論に陥ることなく「リアル・ユートピア」を探究することが可能になるのか。そのために最も有効と思われる戦略の1つは、解放への熱意を具体化し、より広汎なユートピア的オルタナティブを予見することによって、現在支配的な制度の基本論理を覆すような、現に存在している社会事例を見つけ出すことである。研究の課題は、それらの事例がどのように作用しているのかを観察し、それらの事例の限界、ジレンマ、意図せざる結果などを分析し、その可能性を発展させ、成果を広めることによって、そうした事例が人類の繁栄を促す方法を特定することである。そのような研究には、有望な事例の著書を無批判にもてはやすだけのチアリーダーになってしまう誘惑も潜んでいる。しかし、欠点だけしか現実には存在せず、すべての可能性が幻想であるかのように皮肉な見方をすることも危険である。

　とはいえ、実際の先進的な事例に学ぶことは、「リアル・ユートピア」の計画の一部に過ぎない。実際の事例研究に集中しすぎることは、オルタナティブの概念を、しばしば特定の社会組織におけるミクロレベルの、

特定の制度に対するものだけに狭めてしまうきらいがある。私たちは、「もうひとつ別の世界は可能なのだ」ということを、社会システムの機能のマクロレベルにおいて、全体として理解する必要がある。過去には、この種の議論は資本主義と社会主義の間の、時代を画する対立から起こっていた。この種のシステムレベルのオルタナティブを探究することには、社会経済構造の異なるモデルをより抽象的・理論的に分析をすることが求められる。「リアル・ユートピア」に関して十分に展開された社会学は、解放のためのオルタナティブを予見する制度の具体的で実証的な調査と、オルタナティブのシステムの基礎となる原則に関するそのような抽象的で理論的な検討とを統合するであろう。

この短いエッセイは、すべての論題を詳細に語るには紙幅が足りない。ここでできることは、2つの特徴的な実例を挙げることによって、「リアル・ユートピア」を学ぶ骨組みに肉付けをすることであろう。部分的で不完全なものかもしれないが、これら2つの事例はどちらも、現存する社会制度に対するラディカルな平等主義的・民主主義的オルタナティブのビジョンを具体化してくれる事例である。最初の事例は南半球から、第2の事例は北半球からのものである。

市民参加型予算編成

ほとんどの人にとっては、市民一人ひとりが政治の場での意思決定に参加するという「直接民主制」のアイデアは、複雑な現代社会にあっては、絶望的なまでに実行不可能なものだと思われるだろう。「市民参加型予算編成」として知られるようになってきた施策は、このようなよくある考え方に鋭く迫る「リアル・ユートピア」主義者の挑戦である。概略は以下のようになる。「市民参加型予算編成」は、1989年にブラジルのポルト・アレグレで、ほとんど偶然のようにして導入された。ポルト・アレグレはブラジルの東南に位置する、人口150万人ほどの都市である。長きにわたった軍事独裁政権から民主主義国家への過渡期にあった1988年の初頭、ポ

ルト・アレグレ市長選挙で左翼政党が勝利したが、議会の過半数を占めることはできず、そのために進歩的な政治プログラムを実施することができないまま4年間を過ごす見通しに直面していた。

　こうした状況に直面して、左翼政党の活動家は、「何が為されるべきなのか」という古典的な問いを発した。その答えは、「驚くべき制度改革」であった。つまり、市民参加型予算編成——普通の市民が直接参加することを義務づけた新しい予算編成システムである。トップダウン式で予算案を作ることに代えて、ポルト・アレグレでは、市民参加型で編成する予算を各地域に分割した。それはつまり、お祭りや公共交通など自治体ごとにさまざまな関心やテーマがある都市サイズの予算案であるともいえる。これらの市民参加型予算編成の任務は、とくに多数のインフラ計画のために具体的な予算提案をおこなうことである。どんな市民もこの議会に参加して、予算提案について投票できる。これらの地域別・テーマ別の予算が裁可された後、議会は、一貫性のある統合された都市予算が採用されるまでの数カ月間に、都市全体の予算協議会に参加する代表を選ぶ。

　1990年代前半から始まったポルト・アレグレでの「市民参加型予算編成」は、有効に機能した。数千人の都市住民を予算編成会議に巻き込んだ予算編成には活気があった年もあった。また自由に用途を選べる予算が限られていたときには、参加者が減少したという年もあったが、参加者の誰の説明でも、市民参加型で編成された予算は都市問題への公的関与に貢献し、エリートよりもむしろ貧者のニーズに対応するように都市の支出を作り直すことに貢献したと言われる。全体的として、市民参加型予算編成は、これまで不可能だと考えられてきた限界を超えて、民主主義の拡大と深化のための道を切り拓いたのである。

　市民参加型予算編成がポルト・アレグレで発明されてから数年間で、同様の市民参加型予算編成を試みた都市は、世界中で1000以上にのぼった。これは、南半球から全世界の先進国へ広がっていった「リアル・ユートピア」的な改革の事例だと言えるだろう。

ウィキペディア

　ウィキペディアが登場する西暦 2001 年以前に、英語で 350 万件もの記事を有し、数百万人もの人が非常に幅広いトピックについて最初に基本的な情報を得るのに十分なクオリティを持つような百科事典が、ほんの 10 年間で生み出されるとは誰が想像できただろうか。そのうえ、その百科事典の制作者は、以下のような方針の百科事典の制作・編集方針を提唱していたのである。①記事の作成や編集は、世界中にいる数十万人が無償でおこなう。②誰でも記事の編集者になることができ、百科事典のどの記事でも編集することができる。③世界中の誰でも、無料で百科事典にアクセスすることができる。このような百科事典の登場を、10 年前に想像できた人はいない。そうした広範な共同作業を効率的に進めるためには金銭的な動機づけや階層的な組織構造を必要とすると主張する経済理論に反して、数百万の人びとが無償で高水準の百科事典を作るために協力し合い、無料でそれを分かち合うことなど、誰が想像できただろうか。

　ウィキペディアは知の生産と共有を図るための根本的に平等主義的かつ非資本主義的なやり方だ。ウィキペディアは共産主義者の基本原則である「能力に応じて働き、必要に応じて受け取る」という考えを基礎にしており、階層的な関係よりもむしろ、水平的で互恵的な関係を主要原則として組織される。そしてウィキペディアは、ほんの 10 年足らずで、18 世紀以降存在し続けてきた百科事典市場を根底から覆してしまった。

　ウィキペディアは、デジタル時代に突如出現した非資本主義者の新しい形態、非市場商品の新しい形態――つまり、友好的で協力的な非商業的生産物の例として、私たちに最も身近なものである。そして、こうした新しい形態の生産物は、クリエイティブ・コモンズや、コピーレフト・ライセンスや、オープンソース・ソフトウェアなどのように、他の多くの情報経済の「リアル・ユートピア」の次元に、密接につながっている。

もちろん、そこで見られるものは、知的所有権の従来の資本主義的形態を侵食していくということや、現在支配的である資本主義経済における経済のあり方の多様性を増加させるということの延長線上に、これらの新しい生産物があるということである。

　これらの2つの例は、現代の社会制度における不平等と権力の支配的な組織に対して反抗する社会的なオルタナティブに関して、基本的な考えを描き出してくれる。これらの――そして、他のもっと多くの――事例は、より平等主義的で民主的な社会関係のあり方に、新しい空間を切り拓いていくだろう。これらの事例は、変化した人類の繁栄状況に対するリアル・ユートピア主義者の熱意を反映したものではあるが、まだそれは、現実の社会制度のなかで、そうした熱意を実現するための方法を模索している状態にある。

　こうした可能性を理解することが、「リアル・ユートピア」の課題のポイントだと言えるであろう。

(姫野宏輔訳)

6. リキッド・モダニティにおける社会学の使命

ジグムント・バウマン

＊ジグムント・バウマンはモダニティの社会学における象徴的存在である。1925年、ポーランドのポツナンに生まれ、長く共産主義にコミットしてきた。1968年、ワルシャワ大学のこの著名な社会学者は、反ユダヤの排外運動によってポーランドを去ることを強いられた。その後、1971年にリーズ大学社会学部の教職につき現在に至る。1980年代および1990年代に書かれ、彼に名声をもたらすことになった著作には、モダニティへの批判が展開されている。ホロコーストやスターリン主義などに極限の形で示されているモダニティの脅迫的合理性の形式は、より一般的にはアウトサイダー（他者）といかに向き合うのかという問題に関する合理主義の無力さを示している。主著のひとつである『立法者と解釈者』は、知識人が結びつけられる方法の問題と、いかに彼らが近代主義的合理性から解放されうるかという問題を論じている。初期の著作が高度なモダニティ、すなわちヒエラルキーと規制の「ソリッド・モダニティ」（堅固な近代性）への批判だとすれば、ここ10年間の一連の著作は、先例のない不確実性と不安の世界、すなわち「リキッド・モダニティ」（流動的な近代性）をテーマとしている。日を追うごとに刺激的・予言的となり、影響力を増すジグムント・バウマンは、「使命／職業としての社会学」という小論の冒頭部分を飾るにふさわしい社会学者であろう。

　社会学は、およそ100年前の「ソリッド・モダニティ」の全盛期（それは「旧体制」の苦難以来、西洋社会に取り憑いていた諸々の偶然性と機能不全から解放された社会秩序の構築を目指し、まさしく強制的かつ強迫的で中毒的な近代化のはじまりであった時代）に、秩序の再構築という責務を担うことで大学経営に貢献しようとしてキャンパスに参入した。ところがそのおよそ100年後、

社会学が安定した地位を占めるようになった学術界は、「ビジネス的な関心」という新たな経営的観点に有用となるよう、小突かれ、押し付けられ、せがまれ、命じられている。その間、社会学のスローガンと議論の方向性は顕著に変化しているが、研究・教育のなかにしみ込んでいる戦略と目的はほとんど変わっていない。その結果として、社会学という学問は、変化する世界に追従するプレッシャーを、たとえあったとしても、ほとんど感じてこない。マイケル・ブラウォイやその他の先見的で判断力のあるリーダーたちが10年以上前から警告していた通り、職業としての社会学と変化する今日の公共のあり方との関連性を失わせかねないほどの失敗がもたらされようとしているのである。

　社会からの要請に対して、それらが緊急かつ命令的であればあるほど、私たちの大学のさまざまな手続きは防御壁として働く。学位取得や昇進、スタッフのローテーションや補充、自己再生産などの確立された手続きのために、社会学は現存する形式と様式にいつまでもしがみつき、「変わりゆく世界」に気づかないまま、そしてそれまでの形式と様式の貢献への公共的な要請の縮小と消滅に気づかないまま、訓練され整えられてきた。それはまた、まったく異なる種類の貢献への高まる要求——その要求は、かつてのメンタリティーに合わせて作られた現行の形式と様式を改訂する条件を社会学に与えうるであろう——に、いまだ気づかないことを意味する。規制緩和、民営化、個人化が日々進展する私たちの世界にあって、そのような貢献が強く求められているにもかかわらず、今のところほとんどそのような貢献は示されず、むしろそれはアンソニー・ギデンズのいう「生の政治」（ライフ・ポリティクス）によって与えられるべきだとされている。ここでいうライフ・ポリティクスとは、「社会で生み出された問題について、各々個人としての対処法を見出すこと」がより一層人びとの生に義務づけられる事態を指す。それは「リキッド・モダニティ」という時代が今日の世代に突きつける最大の挑戦であると、ウルリッヒ・ベックが的確に概説した点である。

　ここ半世紀以上にわたり社会学は、かつての経営理念に貢献するため

に、自らを「不自由についての科学／技術」として確立しようと苦闘してきた。それはタルコット・パーソンズが「ホッブズ問題」（社会秩序はいかにして可能かという問題）として印象的に描き出したような、社会環境を理論に（また最も重要なこととして実践に）還元する社会設計の作業場としての「不自由についての科学／技術」である。このホッブズ問題とはすなわち、自由意志という両義的な祝福／呪いが与えられた人間を、社会秩序の指導者と監視者によって設計された操作可能でしかも予測可能な行為の道筋に、規範的に導かれ型どおりに従うように、いかに誘導し／強制し／おだてつつ／教え込むかという問題である。あるいは近代の始まりにおいてラ・ボエシが述べかつ予測したように、いかに自由意志と他者の意志とに服従することとを調停させ、「自発的な隷属」の性向にまで、そして社会組織の至高の原則の地位にまで引き上げるかという問題である。要するにそれは、しなければならないことを、いかに人びとがしたいこととしてそうさせるかという問題である。

　運命の宣告により個人化され、第2次経営者革命（管理される側に対して経営者が経営上のタスクを担わせるという「子会社化」を指す）によって助長・扇動された今日の社会において、いまや社会学は自らを「自由についての科学／技術」に反転させうる、刺激的で活気を与えるようなチャンスに直面している。それは、リキッド・モダニティを特徴づける「宣言によって法律上存在する諸個人」を、「選択によって事実上存在する諸個人」の地位へと引き上げるような方法と手段である。あるいはジェフリー・アレクザンダーによる闘争へ向けての呼びかけに倣うならば、社会学の（少なくとも当面の）未来は、人間の自由に資する文化的ポリティクスとして、社会学自身を生まれ変わらせ、再確立しうるための努力にかかっている。

　そのような道筋は、いかにして果たされるのであろうか。それには、どのような戦略が必要なのだろうか。この戦略は、（社会学がかつての経営理念に歩調を合わせつつ、その認知的価値を否定し、「暴露」「根絶」「矯正」を試みてきた）「ドクサ（感覚的な知）」あるいは「行為者の知」との継続的な対話に関与し続けることにかかっている。この戦略はまた、リチャード・セ

ネットが「ヒューマニズム」の現在的意味について書いたエッセイのなかで示したいくつかの原則(「非形式性」「開放性」「協調性」)のなかにも認められる。「非形式性」とは、対話の形式があらかじめ設計されることがなく、その形式が対話のなかで生じてくることを意味する。「開放性」とは、誰もが自分の真理の確実性や、他者(誤った考えをアプリオリにもつ人びと)を説得する責務を持ち込まずに、対話に参加するという意味である。「協調性」とは、その対話に参加するすべての者が教える立場であると同時に学ぶ立場であり、また誰もが勝者でも敗者でもないことを意味する。こうした勧告を集団として無視することについて、私たちが払うべき集団的対価とは、社会学に対する(集団的)無関心であろう。

　社会学は、その他の社会と同様に、解明と把握のダイナミクスが求められている。しかしハル大学のキース・テスターが指摘する通り、今日の社会学は、古いやり方が日々その不十分さを露見させる一方、新しく効果的なやり方がいまだ古いやり方に代替する段階に至らないという意味での、「空白」の期間を生きている。今という時代は、あらゆることが起こりうる一方、確実なものあるいは成功が約束されるものはほとんどない。私たちが向かう方向性を(ましてや私たちが結びつけられている到達点とそれらの結果を)このような状況下で予言することは、無責任かつミスリーディングではないだろうか。なぜなら、目的的行為の不可能性がリキッド・モダニティに根ざしており、またそれを引き受け見通すような行為主体の不在がこうした状況を規定しているからである。

　もちろんこれは、私たちが挑戦を止めることを意味しない。私たちは挑戦を続けながらも、すべての成功しうる試みを暫定的な解決案と見なさなければならない。十分な検証のために必要な実験を試みようではないか。それが私たちの天職の「最終目的地」あるいは「成就」であると宣言されるまでは。

(福田雄訳)

7. 形態生成の増大と社会学という使命

マーガレット・アーチャー

＊マーガレット・アーチャーは、1986年から1990年の間、国際社会学会（ISA）の最初でかつ唯一の女性会長であった。彼女は「形態生成」過程としての社会変動研究の第一人者である。形態生成とは社会構造と社会的行為者との継続的な相互作用、すなわち文化的な理解によって可能となる相互作用を意味する。彼女はフランスとイギリスの教育システムに関する研究からスタートし、それらのシステムを再形成する反応がどのように構造化されているのかを示した。彼女は「実在論的」社会理論を精緻化した多くの書物の著者であり、世界中に彼女の支持者が存在している。彼女は長年ウォーリック大学で教鞭をとり、現在はローザンヌ工科大学の社会存在論センターの取りまとめ役となっている。

　社会学は4つの問いに答えるために生まれた。それらの問いとは、「私たちはどこから来たのか」、「現在はどのような状況なのか」、「私たちはどこへ行くのか」、そして「何がなされるべきか」である。それらはすべて実在論的問いである。すなわちこれらの問いは、集合的に過去をつくり、因果的な力によって未来をつくりだしてきている実在する人びとが住みつく、実在物を伴った実在的な社会的世界は存在するのかどうか、という問いである。ウェーバーが社会学という職業を表現した方向性とは、ものごとがなぜそのようであり、他ではないのかを発見することであった。この考え方に賛同する人びとは、以下のボードリヤールの結論を受け入れることはできないだろう。「なされることとしてある全ては、部分と戯れることである」。イブン・ハルドゥーンならば、このことを退廃的な文明の特徴だというだろう。
　ポストモダニストの「戯れ」よりも問題なのは、それが実際に構成部分

をバラバラにしたことである。すべての (ミクロ、メゾ、マクロな) 社会生活は、必ず次の SAC に帰する。「構造」(structure)、「行為」(agency)、「文化」(culture) である。その関係は、社会的なものを説明する際に常に不可欠なものなのである。

　明示的な形で定義してみよう。「構造」を取り除くと人びとが直面している文脈は絶えず変化して偶然的となり、「文化」を除外すると人びとは対峙している状況を解釈するための知のレパートリーを持つことができず、「行為」なしでは社会秩序の効力ある原因としての活動依存性を私たちは失うことになる。社会学という職業は、これらの相互作用やその結果として生じる布置状況を説明するためのものである。構成部分を分解してバラバラにすることによって、社会理論家のあまりにも多くが自分たちの職業を放棄し、SAC の各々の構成要素に関する死亡診断書を書くという葬儀屋になってしまっている。だが、そうした「死」にともなって、世界のすべての部分から、ものごとがそうである理由や他でありうるような仕方を説明するための道具一式が奪われることになる。

　現在の「脱構築」理論は、構造が問題にされていたところをフローに置き換えている。流動性というメタファーは、社会的なものの最終的な制御不可能性を示している。このことは、「暴走する」社会、「ジャガーノート (モダニティの比喩としての超大型長距離トラックのこと)」社会、そして「リスク」社会によって先触れされていたが、洪水は勢いを増し、複雑性理論によって示された自己組織化現象の海に流れ出している。しかし現在、経済危機に直面し、目的に対する不適合が目立っている。この危機は、以前には閉じられていた構造の要素を明らかにすることとなった。私たちは、2008 年以前よりも、グローバル金融資本主義の構造とさまざまな多国籍企業や国家政府との相関関係を理解するようになった。固形のものすべてが空中に溶けたわけではなく、デリバティブ (金融派生商品)、サブプライムローン、外国為替取引、債券取引が、フォーディズムよりも理解されるようになった。

　構造化された位置、関係、そして利害が実際に複雑化されているため、

メディアは、銀行家のボーナスや欲深い指導層の活躍を支援するといった観点から、この経済危機を矮小化し個人化している。「占拠運動」は社会学的に必要なものを見逃していることを示している。それらの運動は、緊縮財政あるいはグローバル金融資本主義に反対しているだろうか。ロンドンの運動は不確かであるが、貿易のための援助をおこなうジュネーブ運動 (the Geneva movement) は、関連している込み入った事柄に取り組むために定期的にセミナーを開催しているが、異端の経済学者の学会は、概して社会学者よりもずっと援助する側になっている。ここ 10 回のノーベル経済学賞受賞者で、損害を与える原因に対する分析に関して、イタリアのステファーノ・ザマーニ教授の分析と同等の評価を与えられる人はいるだろうか。市民経済を可視化するために、私たちには何ができるのだろうか。

　このことは、「従来通りのビジネス」に戻るための試みにおいて、TINA (There is no alternative の頭文字「市場に代わるものはない」) が演じてみせた「文化」やその大きな役割につながっている。文化論的転回は言説に特権を与えたが、経済危機はその広がりを縮減することができなかった。言説のヘゲモニーはイデオロギーの概念に取って代わり、経済危機を「ゾンビ」のような階級闘争のゴミ箱に追いやることとなった。その状況により、正当な政治的側面としての思想と利害の間の決定的な結びつきは失われた。表出活動としてだけではなく（表出活動はあり余るほどある）、社会的動員の資源としての（その不在が TINA の地位を向上させる）批判の観念的な源泉の多くが失われた。皮肉にも、流れが洪水のようになっていくにつれ、急速な変化とは不調和なものであるにもかかわらず、社会学において習慣、一定の性向をもったハビトゥス、そして慣習行動が予想に反して関連してきている。しかし、偉大なアメリカのプラグマティストがそのことを初めに強調していたように、問題状況は反省的イノベーションの産婆役なのである。

　最後に、フーコーが 40 年以上前に「波打ちぎわの砂の表情のように」と表現したように、主体の死、消去は非常に重要な問題である。それ以来、

私たち人間の消去が、多くの黒板消しによって繰り返されている。すなわち、人格が、記銘可能な平板 (ケネス・ガーゲンの言葉)、連続的に再発明される自我 (ベックの言葉)、そして最終的に主体的な「行動機械」へと貶められる。主体の死によって、社会的なものが「他でもある」可能性を可視化する人間特有の能力とともに、志向性、再帰性、ケア、そして関与もまた、表舞台から退場していった。

　私たち人間の信頼と可能性を擁護する人びとは、非常に稀となった。したがって、モラル・エコノミーを論じるアンドリュー・セイヤーは、『なぜ物事は人間にとって重要なのか』(Why Things Matter to People) という素晴らしい本を書く必要があった。社会学は人文主義的な要素をもっているが、いま人文主義へのアプローチは息を潜めている。したがって、孤独と隔離は、周縁化や排除と比べると注目されないテーマであるが、それらはまさに先進世界の苦しみを引き起こすものであり、先進社会の輸出品のひとつなのである。また社会学者は、私たちは繁栄よりも苦痛に影響を受けやすいという点の強調を強いられる。私たちが必要とするものを生物学的な必要に限定するなら、私たちは「繁栄の社会学」を発展させることにあまり自信をもてない。喜びの社会学、歓喜や富みに満足することについて論及されることがほとんどないのはなぜであろう。そして、なぜ幸せは経済学者の指標に委ねられているのだろうか。これらの質問に答えることは、社会学が繁栄する市民社会の定義づけに寄与することを含意している。

　今日、最もよく用いられる比喩は「リキッド・モダニティ」であるが、メタファーは何も説明せず、しばしば誤った方向に導くことがある (機械論的、有機体論的、そしてサイバネティクス的な直接的な比喩を思い出してみるとよいだろう)。とくに変動理論は、単に SAC のひとつの構成要素を強調する、すなわち「情報社会」においては「文化」、「グローバル資本主義」あるいは「帝国」においては「構造」、そして「再帰的近代化」の「制度化された個人主義」においては「行為者」である。各々は (経験的に目立った) ひとつの構成要素に着目し、それを主役とし、そしてそれを変動の発生的メ

カニズムと誤って同一視してしまう。そうではなく、私たちはメタファーを利用せずに、社会的な形態生成を変化へと促す要因となる過程を作動させているSACの相乗効果や正循環を調査する必要があるのである。

（小坂有資訳）

8. 社会学の使命
――プラグマティックな観点から

アンドレ・ベテイユ

＊アンドレ・ベテイユはインドで「最大の賢人」と呼ばれているが、それには理由がある。ウェーバー社会学を人類学的な農村研究に取り入れた彼の代表作である『カースト・階級・権力』をはじめとして、ベテイユは不平等に関するおおよそすべての側面を叙述し、関係する社会問題についても幅広く取り扱ってきた。また、その功績から数々の賞を受賞し、インド社会科学研究協議会の会長を務めたこともある。ベテイユは、首相の諮問機関である国家知識委員会でも委員を務めていたが、その委員会がカーストに基づく居留地を広げようとした際には委員会に辞職を申し入れた。ベテイユは世論や公共政策が社会学的な知に反していると思ったときにはいつでも、インド国内のすべての主要紙に論考を寄せて、公の場で自分の考えを語りかける。彼こそまさしく強い職業的な信念をもったパブリック・ソシオロジスト（公共社会学者）である。

　社会学を職業にしようとする者には、独立した知の領域としての社会学という感性を獲得し、維持することが求められる。同時に、もし社会学を自身のキャリアとしてだけではなく、プロフェッショナルな職業としても追求しようとするのなら、社会学のテクニカルな使い方――もちろんそれは重要であり、また軽く扱われるべきものではないが――にだけ焦点をあてるのでは不十分である。というのも、知の領域としての社会学は広い範囲の、そして相互に緩くつながった概念、方法、理論を発展させており、それらはすべての一人ひとりの実践的な社会学者によって価値ある資源として扱われるべきものだからだ。

　社会学は常識とは区別されなくてはならない。常識というのは日常的

な現象を解釈し、説明するものであるが、その範囲は狭く、多くの検証されていない前提に基づいているからである。社会学はもちろん常識に反するべきではないが、それを超えて、社会の作動をより広く、より深く見る観点へと到達することが目指されなくてはならない。社会学が主題とするものは、たとえば素粒子物理学や分子生物学よりも、常識による前提や判断を遮断することがはるかに難しい。また、たしかに現在起きている事柄が社会学者の俎上にのぼるが、それらに対する社会学者の関心はジャーナリストのそれとは異なる。

　知の領域であるということの意味は、社会学の次の3つの特徴から見てとることができるだろう。(1)経験科学であること、(2)体系的な科学であること、(3)比較科学であること、である。第1に、経験科学としては、価値判断と事実判断の間に、いいかえれば、「べき」問題と「である」問題の間にはっきりとした区別を維持することを目指す。たしかに、社会を研究するにあたってはその規範や価値を研究することも必要になるが、社会学者は規範を記述的に研究するのであって、処方的な意味でそうするわけではない。第2に、社会学者は社会的なプロセスにおいて生じる相互的なつながりを体系的な方法で研究することを目指す。その際に、その相互的なつながりが基本的に調和的なものであるとか、基本的に相反的なものであるとか、そういった前提を置くことはない。最後に、社会学は観察と調査という同じ平面の上にすべての人間社会を載せることを目指す比較科学である。もちろん、ほかの社会と同様に、社会学者自身の社会もそこに含まれる。

　私は比較の手法に携わることによって、社会学と社会人類学は一体であることを強く主張するようになった。実際、多くのインド人がインドの社会と文化を研究しているが、国土はとても広く、その人口は多様性に富んでいるので、同じ国家のなかで社会的な状況が違うすべての範囲を研究することができる。そのため、社会学と社会人類学が一体であるという想定の上で仕事をすることは、インドにおいては自然の成り行きだといえる。西洋では「先進」社会を研究することは社会学とされ、文字

文化を持たないか、部族的であるか、あるいは農村コミュニティを研究することは人類学だとされているが。

　同じく比較の手法に携わることによって、インドで多くの人が主張する考え方に私は懐疑的になった。それは、インド人は独自のインド社会学を発達させ、調査と分析という西洋の枠組みの制約から自由になるべきだ、という主張である。社会学の一般的な枠組みはヨーロッパとアメリカに起源をもっているだろうから、西欧社会から持ち込まれた想定によるバイアスが今なお残っているかもしれない。しかし、その枠組みが強固で柔軟性がなく、変更することもできないと信じて疑わない理由などどこにもない。事実それは変化し続けているのであり、少なくとも私自身は不平等についての一般的な議論をする際に、インド国外だけでなく、インド国内の学生にも読まれるだろうことを期待して書いている。

　トップクラスの学術機関で大学院生を長い間教えてきたなかで、私もインドの多くの同僚と同じように、「社会学理論」を教えることと「インド社会学」を教えることとを調和させる必要性と格闘してきた。「理論」の授業ではマルクス、ウェーバー、デュルケム、パーソンズ、マートンなどが教えられ、「インド」の授業では村落やカースト、複合家族が教えられる。そのため、自然の成り行きとして、学生は2つの授業の間につながりをつけることを難しく感じてしまう。私は授業で教えることを通して、私が「社会学的思考法」と呼んでいる方法に基づくアプローチを発展させてきた。知の領域としての社会学を定義づける特徴について説明したあとに、さまざまな個別のトピックについて議論する。あるときは政治から始めて、「社会学的な主題としての政治」について話す。政治は広い範囲の人びとの関心事だからだ。私が問うのは、政治を理解する上で社会学に何ができるかということである。同じ質問は宗教についても聞かれる。宗教は社会学が知の領域となるはるか以前から、神学者や哲学者といった人びとから真剣な知的まなざしを向けられてきた。社会学は宗教の理解に対して何か新しい知見を導入したのか。もちろん、家族、親族、結婚、そして、その他の主題についても同じ問いを投げかけることができ

るだろう。

　私は、より幅広い公衆に社会学的な探求と研究の成果を伝えるときにも、社会学的思考法のアイデアを使ってきた。私の考えでは、社会学者は仕事として論文を書くべきであるが、仕事のためだけであってはならないと思う。社会学者にはその知見をより幅広い公衆に伝える責任がある。そのため、学術誌に論文を載せることはもちろんだが、それに加えて、私はインドの代表的な日刊紙のいくつか、たとえば The Times of India、The Hindu、そして The Telegraph に論説記事を寄稿している。これらの日刊紙に私は少なくない頻度で寄稿しているが、ジャーナリストのように書くことは避けるように努力している。ジャーナリストはその日ごとの出来事にコメントをしなくてはならないが、私はその代わりに、歴史的な、あるいは社会学的なより広い視野から出来事を解釈するように心がけた。

　自分自身の考え方としては、私は社会学者であって道徳家ではないといつも思っている。私は社会学者として、不平等の比較研究に最も関心を寄せてきた。よく知られているように、不平等はインド社会に広くみられる根深い問題である。教育を受けたインド人は不平等を悪しきものとし、平等を善きものとして峻別し道徳化することを好む。しかし、不平等は公共的に糾弾することで消し去ることができるようなものではない。私は不平等のさまざまな形態や側面と、それを改善し、形を変え、ときには弱め、ときには強めていく、社会的な新潮流を理解すべく多くの時間を費やしてきた。そして、平等と不平等に対するプラグマティックな態度を維持し、ユートピア的な見方あるいは運命論的な見方には反対してきた。それは結局のところ、同じコインの裏表だからである。

（池田和弘訳）

9. 未来に目を向けること
——社会学の使命

ハーバート・J・ガンズ

＊50年にわたり、ハーバート・ガンズはアメリカにおいて最も多作で影響力のある社会学者の一人であり続けてきた。その間、彼は、都市の貧困と反貧困計画、平等と階層、エスニシティと人種、マスコミとポピュラー文化の領域で、中心人物であり続けたのである。ガンズは、『都市の村人たち』(1962)、『レヴィットタウンの人びと』(1967)、『ポピュラーカルチャーとハイカルチャー』(1974)、『ニュースの決定』(1979)、『貧困との戦い——下層階級と反貧困政策』(1995)、より最近では、未来へのオプティミスティックなシナリオを示した『2033年のアメリカを想像する』(2008)など、古典を含む多数の著作を執筆してきた。パブリック・ソシオロジストとしては、新聞や雑誌に定期的に執筆し、ソーシャルプランナーとしては、公共政策の分析に積極的に関与してきた。彼は「アメリカ社会学会会長」を含む数多くの栄誉や賞を得てきている。

アメリカ合衆国は、他の経済諸国と同様に、拡大する経済的不平等という新たな、そしておそらくは長く続くであろう段階を経験している。それは、さらなる政治的・階級的な不平等をもたらすであろう。したがって社会学者は、これらの不平等、とくにそれらがもたらしうる社会変化と社会的コストを理解するのに、自身と自身の専門領域がどんな役割を担えるのか、自分自身に問いかけるべきであろう。

しかしながら、学問は全体として国のことに一層関連してくる必要もあるし、それによって学問自体をより可視化し価値のあるものにする必要がある。近年の不平等の高まりは全世界的なものであるが、国による政治経済の違い、そして国による社会学の違いがあるので、全世界的な

規模でのインプリケーションや帰結も考えるとともに、それぞれの国が自身の答えを見出さなければならない。以下は一人のアメリカ人社会学者による、アメリカ社会学が導かれるべきより詳細なシナリオ、もしくは、いうなれば「ビジョン」を提示しようという試みである。

　不平等を測る膨大な研究がすでに行われているが、社会学はアメリカの不平等の状況や人びとに対する影響にもっと関心をはらう必要がある。不平等の経済的、政治的、社会的な側面に関するミクロ社会学の観点からも、これまで以上に調査が求められている。いつであれ、社会学的調査研究は政策志向的であるべきだが、実際の公共政策の策定に関与することは期待されておらず、それは多くの社会学者の専門知を超えるものだ。しかし、社会学は、不平等に関わる政策提唱者、政策立案者、公共政策のアナリストや批評家が提起する疑問へ答えるのに役立つ調査研究をおこなうことができる。

　経済学者や政治学者はいまだに国家のエリートに関わる事柄を扱う傾向にあるため、社会学者は非エリートに関心を集中しなければならない。とくに最も不安定なアメリカ人、とりわけ誰よりも不平等の高まりで被害を被っている中流以下の収入階層を対象にして、さらなる調査研究が行われなければならない。そうした人びとのうち、政治においてあまりその声が伝わっていない者、公共の言説の外にしばしば取り残されている者が、真っ先に調査対象になるべきだ。

　社会学はこれらの人びとに発信することはできないが、彼らの問題により調査の関心を集中することはできる。研究はとりわけ、最も重要な不平等の社会的、情緒的、その他のコストにとくに焦点を当てるべきだ。たとえば、ここ数十年、とくに直近の数年、下方移動の劇的な増加、上方移動がうまくいかずに期待水準を引き下げたことによる欲求不満が見られる。社会学者はずっと前に、下方移動の過程や影響を主要な研究領域にしておくべきだった。

　加えて社会学者は、極度の貧困が、心的外傷後ストレス障害のようにずっと幾世代にも残ることがあるという仮説など、極度の貧困の長期に

わたる影響にもっと関心を払う必要がある。同時に研究者は、人びとが貧困の各レベルにおける下方移動にどのように対処し、もがき、抗おうとしたのかを理解すべきである。適切に設計されるならば、そうした研究は援助を差し伸べうる政策や政治に対して解決策を提供するであろう。

　さらに重要なことは、社会学が中流以下の収入の人びとに関心を寄せる際に、そうした人びとをそこに押しとどめ、さらなる貧困に追いやるのに中心的役割を果たしている力、制度、作動因まで関心を広げなければならない。不平等の拡大傾向が何によってもたらされたかを研究することは、その被害者についてより深く知ることと同様に重要な研究主題である。

　同時に、社会学者は専門知識の社会的有用性をもっと表に出すべきである。これについては、最近話題となっているテーマ、事柄、論争に対して新たな研究上の発見やアイデアを提供することが最もよいだろう。口で言うほど簡単ではないが、社会学者は「文献」や他の学問的関心事項への貢献に、いまほど重きを置きすぎないようにすべきだ。既存の知識を不必要に精密にしていくような研究を少なくすることも、有益だろう。

　社会学者は、他の社会科学が無視している、もしくは見えてさえいないトピックを探索し続けることも必要だ。社会学者は、他の研究者にとっては興味がわかない、もしくは隠されている社会の裏側について、またその中身に関して、もっと研究すべきだろう。

　いつであっても、社会学は量的そして質的な実証の仕事を優先すべきだ。ビッグデータの利用可能性が拡大したからといって、学問はスモールデータ、とくにエスノグラフィックなフィールドワークを通じたデータの収集と分析に注力し続けなければならない。社会学が研究するように、人びとと共にあり、集団や組織の中にいるところから社会を理解することは、我々が自分の国について知ることへ独自の貢献をもたらす。

　学問は、古くはラベリング理論、より最近では関係的、構築主義的な理論のような、世間一般の通念に疑問を呈すような枠組みや考え方で、革新的で大胆な理論化をも目的とすべきだ。近年高まっている不平等に

よって生み出される国の変化は、アメリカ社会をみる斬新な方法を促し、要請しているとさえいるかもしれない。

　とりわけ、社会学は一般市民が関心を持つであろう新たな社会学的アイデアや知見を、明快で専門的用語を使わずに提示することで、一般市民の心を動かそうと真剣に努力しなければならない。学部生や高校生に教えることも、パブリック・ソシオロジーとして現在知られるものの最も重要な責務であり続けているが、関連する重要な研究は一般市民の手の届くところにあるべきだ。研究者はいかに執筆するかだけでなく、基礎的・専門的な社会学を学ぶ際であっても、パブリック・ソシオロジーの言語で訓練を積まなければならない。同時に、パブリック・ソシオロジーを生み出そうとする社会学者は、もっぱら基礎研究者として活動する人と同等の役職、地位、その他の報酬を受ける資格があるべきはずだ。

　言うまでもないことだが、以上は未来に向けての一個人のシナリオに過ぎないが、他の人も何かを付け加えてくれるだろうという希望をもって書いている。学問はいま、未来についてもっとじっくり考える必要があり、そうすれば、未来が現実になった際により知的に対処することができるだろう。

（高見具広訳）

10. 社会学の向こう側へ

アラン・トゥーレーヌ

＊アラン・トゥーレーヌはこの 40 年間、社会学の世界において偉大な人物であり続けている。彼は、産業社会学者として研究活動をスタートし、社会運動の研究者として有名になった。こうした研究活動は、社会の集合的な自己創造に関する考察へと彼を導き、その結果、社会学的介入という新たな方法論がもたらされた。トゥーレーヌは世界規模で活躍する数少ない社会学者の一人であり、世界のさまざまな地域における自由と尊厳の拡大を求める社会運動をつねに探究している。これまでに彼が生み出し出版してきた研究は、長きにわたってひとつの趨勢を作り上げてきた。著書として、『ユートピア共産主義の五月革命』(邦題：『現代の社会闘争――五月革命の社会学的展望』)(1968)、『脱工業化の社会』(1969)、『社会の生産』(1973)、『声とまなざし』(1978)、『連帯――ある社会運動についての分析 (ポーランド 1980 年‐1981 年)』(1983) (フランソワ・デュベ、ミシェル・ヴィヴィオルカ、ジャン・ストルズレッキーとの共著)、『行為者の回帰』(1984)、そして近著に『社会の終焉』などがある。トゥーレーヌは、パリ社会科学高等研究院 (EHESS) に社会運動研究センターおよび社会学的介入分析センターを創設し、世界中からやって来る多くの学生をそこで指導している。

　社会学に対する私の最初の、そして最も長く持ち続けている関心は、学校制度に対する反感から生まれた。学校制度は、若い人たちの異なるニーズを育むことよりも、それ自体の規範を守ることに執着していたからである。私はできが悪くあまり優秀とは言えない学生だったのだが、結果的には自国において最も名声のある「競争的審査」のひとつに合格し、有名なパリ高等師範学校の学生になったという異色の経歴を持っている。2 年後、私はこのすばらしき地を離れ、中央ヨーロッパを旅行したり、

半熟練の炭鉱労働者として働いたりして1年を過ごした。

　ヨーロッパに新たに誕生した産業社会学を支える中心人物であったジョルジュ・フリードマンが、ある研究グループに加わるよう私を誘ってくれた。そこでは、新しい技術によってさまざまな産業にもたらされた職業上の変化について、研究がおこなわれていた。彼は私に、フランスの大手自動車会社で当時国有化されていたルノー社に関する研究の指揮を任せてくれた。この巨大企業のさまざまな工場での仕事や産業組織形態についての詳細を研究するのに1年半を費やした。私は初めての著書として1955年に、この精力的なプロジェクトの成果を出版した。その間に、私は歴史学の教授になるための別の「競争」で勝利を得た。しかし私は、フリードマンの招聘によって、社会学の専任研究者としても選出されていたのだった。私はそこで、自分自身の研究グループをまったく自由に組織できることになっていたのである。フリードマンは私に、とても親切にこう言ってくれた。もし君がこの難しい［社会学の］「競争」に勝利したら、君のために研究者の仕事を用意しようと思う。そして、もし君がそれに敗北しても、私は同じことをするつもりだ。なぜなら、私たちは新たな時代の研究者を必要としているのだから。

　フランス国立科学研究センター（CNRS）に所属して数年後、私はアメリカ合衆国――ハーバード、コロンビア、シカゴ――で1年を過ごした。そして、もう1年をチリで過ごし、そこに労働社会学研究センターを設立した。だが、チリでの出来事としてそれ以上に重要なことは、若いチリ人の生物学者と結婚したことである。私が社会科学高等研究院――当時は別の名称だった――の正教授に選ばれたのは、私が34歳の時だった。ラテンアメリカでの数年間、およびUCLA、UCバークレー、およびニューヨーク市のニュースクールでの数学期を除いて、私はここ社会科学高等研究院の教授として、現在に至るまで研究人生を過ごしてきた。

　1966年、公的な学校制度に対して変わらず持ち続けていた敵意から、私はパリ近郊に創立されたパリ大学ナンテール校で教育に携わろうと考えた。その時は、ヨーロッパにおける学生運動の中心であったその地で

数年を過ごすことになろうとは思ってもいなかった。学生運動は、重大な文化的および政治的なドラマへと急速に姿を変えつつあった。学生運動に関する著書を記している人たちのなかでも、私は、自分の著書が最も深い賛意を得ていると考えた。というのも、1964年のバークリーにおけるフリースピーチ運動の後、私は学生運動を「社会」運動ではなく、むしろ新しい「文化」運動の最も重要な事例と考えていたからである。同時に、私はこの文化運動と、古典的なマルクス主義——とりわけトロツキー主義者および毛沢東主義者のイデオロギー——との間の矛盾を強調した。古典的マルクス主義は、文化運動を政治的観点から解釈していたからである。それは新鮮なワインを古いボトルに入れるようなものだ——私はこう言い表した。その結果、私は保守的な教授陣との紛争にも「左派」政治グループとの紛争にも、巻き込まれることになった。そんな折、私は、無政府主義者で反共産主義者のダニエル・コーン＝ベンディットと深く共感し合った。彼は、私がナンテールで教鞭をとっていた当時、最も影響力のある人物であった。

　私はすぐさま、ほとんどすべての形態の集合行動は、法、習慣、支配的価値への同意あるいはそこからの逸脱によっては定義しえない、と確信するに至った。このことによって私は、2つの異なる構想を進展させることへと導かれた。

　第1の構想は、運動自体に参加することを通じた集合行動の研究にあった。いくつかの事例では、社会運動あるいは政治運動のメンバーたちとともに1年をまるまる過ごした。調査票は用いず、その代わりに活動家たちとその支持者たちとの対話、さらに活動家たちとその敵たちとの対話の機会も設けた。このようにして、私はナンテールを去ってから10年後に学生運動の研究に携わり始めたのだった。ほかにも、反核運動、地域主義運動、異なる経済部門の労働組合運動、そして——私たちに最も大きな喜びをもたらすことになった——1980年から1981年にかけてのポーランドの独立自主管理労働組合「連帯」の運動、チリの炭鉱と鉄鋼業における労働組合運動などを研究してきた。最近では、友人と共同で、

メキシコ南東部に位置するチアパス地方でのサパティスタ運動の研究にずいぶん長い時間をかけた。いずれの事例においても、私は、紛争がもたらしうる最も高次の意味を運動参加者たちに意識させようとしてきた。

このアプローチは、行為者とシステムとを同じコインの裏表と考える機能主義的諸研究とは明らかに対照的である。私はそうした諸研究とは反対に——これが私の第2の理論的な構想だったのであるが——社会システムの論理と社会的行為者の論理とが、互いに直接的に対立するものであるとますます確信するようになった。社会的行為者の論理とは、より正確にいえば、その行為が革新的で批判的な最も高いレベルの介入にまで辿りつくような、人びとの論理のことである。

システムは、それ自体の統合と、外的あるいは内的な変化に対する調整とを求めているが、行為者の方はというと、自分自身の行為の自由、自律性、尊厳、責任を増大させようとしている。たしかに、2つの論理が同種の選択に向かって収斂するということはしばしば起こる。しかし、社会においては、この2つの論理が矛盾に直面することもしばしばである。新たな形の世論操作を絶えず生み出しているにもかかわらず、社会における内的な統制システムは相対的に弱く、社会にとっての環境は絶えず変化している。グローバル化はそれ自体で複雑性を増大させており、結果的に、社会生活のあらゆる部門の内部にある、複合的な紛争の存在をも増大させているのである。

私たちはみな、社会学が産業社会において作り出されたものであるということを知っている。すなわち、社会学は社会のなかにあるのであり、社会は、新たな形の生産、組織、分配、消費の創造を通じて、社会にとっての環境と社会それ自体とを変容させる非常に大きな可能性を伴っている。そして、社会学は社会的で経済的な資源と方法とを用いることによって成り立っているのである。社会はいまやはじめて、創造し変容しうるものとして自分自身を見出すようになった。そのことは、デュルケムが確立した原理にすばらしく表現されていた。すなわち、社会的事実を社会的事実によって説明するのである。

同じく重要なもうひとつの変化は、いまや財の生産を支配する合理化と市場化に関連している。だがそれだけではない。この合理化と市場化は、コミュニケーションと表象に関する論理をも行為者に課し、支配しているのである。その結果、社会的で経済的な行為者は、その強大な新しい領域から除外される。行為者は、目的合理性だけを有している限り、より非力になるのである。

　今日、私たちの主要な仕事は、さまざまな社会的状況と社会的行為者とを理解することである。社会的状況と社会的行為者は、産業社会におけるそれらとはかなり異なっている。一方で、権威主義的体制の高まりがあり、他方で、西洋産業資本主義は――初めは1929年に、その後、2007年から2008年にかけて――金融資本主義に置き換えられてきた。金融資本主義には経済機能がなく、可能な限りの利益を生み出すことだけが目指されている。行為者は倫理的な普遍的価値を守ることによって、強力な投機的資本と純粋利潤の追求とに抵抗しうるにすぎない。小文字の個々の人権という観念は戦後長い間ずっとあまり注目されてこなかった一方で、私たちは現在、大文字の人権と大文字の民主主義とが唯一の価値であると考えている。これらの大文字の価値は、反民主主義的な権威主義的体制、および投機的な資本主義に対抗するのに、十分な社会的で政治的な勢力を動員することができると思われているのである。

　私たちは、行為者をシステムと同一視すること――それは産業社会に典型的である――から可能な限り遠いところにいる。21世紀は1989年のベルリンの壁崩壊と天安門広場における大衆デモに始まり、その後「アラブの春」もやって来た。民主主義の精神は、いたるところで、新たな勢力の支持を獲得している。最近、私は『社会の終焉』と題したかなり長い著書のなかで、こうしたアプローチの全般的な変化について分析を試みた。そこでは、それ自体について考えたり作用を及ぼしたりする「社会」の終焉に言及している。社会学者自身は、社会という概念が、私たちの生きている世界とはもはや一致しないということを認めなければならない。したがって、社会学それ自体が「政治倫理」と改称されうるというの

も一理ある。だが、社会科学それ自体が消え去ってしまうことは、決してないのである。

(堀田裕子訳)

第3部

職業としての社会学
―― 社会学者の生き方

11. 歴史社会科学者

イマニュエル・ウォーラースティン

＊社会科学に対するイマニュエル・ウォーラースティンの貢献は、半世紀にわたる数々の受賞歴のある本や論文によって示されている。その仕事は1960年代のアフリカにおける植民地主義や民族解放闘争に関する研究から出発している。そこから彼は、その出現に関する詳細な歴史的な研究方法へと移行し、『近代世界システム』に関する本質的なダイナミクスを研究した。1970年代において、ウォーラースティンの世界システムアプローチは、比較歴史学的な企てとして、社会学に新しい活力を与えた。彼の研究プログラムは、ラテンアメリカ、アフリカやアジアの社会科学者にとって受容力のある空間を創り出した。そして同時に、彼は社会科学の意味を再考するために他の専門領域の学者たちと共同研究をおこなった。不断の探究によって、彼は多数の組織に関与した。そのなかには、国際社会学会の会長も含まれている。その期間、世界中の社会学者のなかで、彼はとくに南半球の学者たちのなかに身を置いた。彼の生涯にわたる貢献は、国際社会学会によって、研究と実践における優れた業績に対する賞の最初の受賞者として讃えられている。

　社会学が私の職業であるというのは確かではない。大学院生のころ、私はすべての社会科学を駆け巡った。私が社会学研究をおこなおうと決断したとき、その理由は、社会学が、組織的な構造として、私が研究した他のどの「学科」よりも制限が少ないということがわかったためである。振り返ってみると、それは正しい判断だったと思う。
　私がコロンビア大学の学部に入学したころ、つまり1950年代頃のそこは、(公平にみて)世界の社会学の中心的な場所であったと思われる。けれども、私は、コロンビア大学の学生に期待されているもとは違っていた。

私はマートンやラザーズフェルトと一緒には学位論文に取り組んではいなかった。私はアフリカに関心を寄せており、学部のなかでは唯一そのような関心を持っている学生であった。そしてラザーズフェルトはかつて、あなたがフランス革命に言及しなかった唯一の大学院生であったと私に言ったほどである。少しばかり大げさな表現であるかもしれないが、それは私がその後導かれる前兆であった。幸運なことに、私の難儀な性質によって困惑させられた権力者たちは、私を黙認したのであった。

　私は、1958年に若手教員としてコロンビア大学で教え始めていた。1963年まで、コロンビアは平和部隊にいた大学院生をはじめて受け入れていた。それゆえ、学生たちは、私たちが当時に第三世界と呼んでいた国の出身者であり、合衆国の外にある政治学や経済学に興味を明確に持ち始めていた。私が受け持ったコース（単独あるいはテリー・ホプキンスとの共同研究）は、これらの学生たち（そして、他の社会科学の学部生たち）の間でとても人気であった。そのとき、1968年の学生運動に出くわした。社会学の生徒たちはその活動の最前線におり、若い学部生ほどより深く関わっていた。1968年の世界革命は、参加者たちの政治性を変えただけではなく、彼ら／彼女らの認識の枠組みをも変えたのであった。私はこのことについては、「混乱する社会学の文化——アメリカ社会学への1968年のインパクト」[1]という論考のなかで書いた。そして1970-1971年には、私は『近代世界システム』の初版を書いた。それまでに、私は自己イメージを表現するには少しばかり不正確な「社会学者」というラベルを得ていた。けれども、私は自分自身を「歴史社会科学者」と考え始めていた。

　自己記述に関わる問題は、よりいっそうに深刻な問題として絶え間なく立ち現れてきた。そしてそれは、2つの方法もしくは2つの側面であった。第1に、他者が私に関して持つイメージであり、とくに合衆国以外の人に顕著であった。ヨーロッパでは、とくにフランスで私は多くの時間を過ごしたが、このことに関する私の見解について書いている他の学者たちは、さまざまな観点から私を表現した。たとえば、歴史学者、経済歴史学者、経済学者、あるいはこれらの組み合わせ、そして社会学者

として描いた。

　しかし、より大きな問題は合衆国にあった。多くの社会学者のように、私も助成金を得るためにさまざまな財団にプロジェクト案を提出した。そこで私は、おそらく普通ではない問題に出くわした。それはとくに国立科学基金へ提出したときであった。たとえスタッフ・コーディネーターの好意的な同意を得たとしても、その提出案の評価は劇的に分かれたのであった。熱狂的な支持か完全に否定するかのいずれかであった。私たちは、この状況は「よい」科学であることについての深刻な認識論的な分離を反映している、と理解した。そして私は「知の構造」と呼び始めたその起源と要因を研究することに専念した。

　この仕事は、私の考えているものは専門領域（それゆえ「職業」）に関するより明解な見解へと導いた。つまり、専門領域の歴史性、妥当性、将来性へと区分する考えである。私たちが専門領域と呼ぶものは、3つの事柄であると考えている。第1に、相対的に明確な領域をともなう現象に関する、カテゴリーの自律性への知的な要求。たとえば、研究がその領域内や領域外に分類できるようなものであること。第2は、組織的な構造である。その構造が専門領域へ申し立てをすることや、その意義を排他的、もしくは基本的な権利に対して強要するものであること。たとえば、大学内の組織やジャーナルにおいて、また国家的、国際的な組織においてである。第3は、そうした組織が個々人に対して尊重させたり妥当なものとさせたりする共通の参照点という文化、仕事のスタイル、立派な仕事をする姿である。私がコーディネートした「ガルベキアン委員会報告」[2]において、専門領域に関するこの3つの意味が、1870年から1950年頃までの期間においてはうまく同時に成立していたことを議論した。けれども、一連の理由によって、それ以降は分離してしまったのである。その結果、その境界に関する過去の知的な要求は高度に競合するという現在の状況になった。そして、その仕事は、他のラベルのものでなされた仕事とかなりの程度重複しながら、それ以外のラベルのもとでなされるのであった。私たちの帰結は、相互に（多様に、横断的に、など）結びつく専

門的な仕事のために高度要求がなされるのである。

　同時に、専門領域に対する異議は、どちらかといえば以前よりも強く、境界の再定義をめぐる確かな抵抗となった。また、さまざまな専門領域における「文化」は、しばしば議論されているよりも小さく展開されている。それは、学術論文の脚注で見られるものである。

　最後に、私が信じているものは、私たちがいまいる世界システムのなかで生じているということを指摘したい。それは資本主義の世界経済である。私たちはそのシステムの構造的な危機のなかにいると思う。そして、そのシステムは私たちすべてに、この構造的な危機に関するありうる帰結を伴った非常にアクティブな点に関与させる。私は、少なくとも1968年の世界革命から、この構造的な危機が発生していると考える。そして私は、この危機がこれから20〜40年は解決されないだろうと考えている。それを踏まえて、私はこの構造的な危機に関する良い対処の仕方について執筆している。それは、そのありうる結果とそれを引き起こしているモラルや政治的な選択に関するものである。

　それゆえ、私がしている仕事は何かと誰かが尋ねる場合、最近では、私の仕事は3つの異なった領域があると答えている。第1に、私は近代世界システムの歴史的な発展を分析しようとしている。第2に、今まさにそのなかで世界システムが見出している構造的な危機を分析している。そして、第3に、知の構造における危機を分析している。それは、近代世界システムの構造的な危機の一部ではあるが、緻密な特定の分析を必要とするのである。

　この3つのタスクが私の使命である。そして、この職業的使命を最も短く表現するものは、歴史社会科学者である。けれども、私は社会学のPhD（博士号）を所有していることを述べておくべきだし、大学での仕事はすべて社会学におけるものであった。さらに言えば、もちろん、私は国際社会学会の会長を務めていた。これらの組織的な所属を放棄する必要はない。というのは、それ以上に良いものがないからである。そして、先に述べたように、社会学は、他のどの専門領域よりも私のスタンスに

対してより寛容なのである。

注

1) Craig Calhoun, ed. (2007). *Sociology in America: A History*. Chicago: University of Chicago Press, pp.427-437.

2) Immanuel Wallerstein (coordinator) (1996). *Open the Social Sciences: Report of the Gulbenkian Commission on the Restructuring of the Social Sciences*. Stanford: Stanford University Press.

(仲修平訳)

12. 世界規模での集合的営為
——社会学の使命

レイウィン・コンネル

＊オーストラリアの社会学者レイウィン・コンネルは、階級の権力、および学校における階級とジェンダーとの関係についての研究で、その名が知られている。その著書『ジェンダーと権力』(1987)におけるジェンダー関係の制度的な基盤に関する理論が高い評価を受けた。また、覇権的な男性性の概念を発展させた『マスキュリニティ』(1995)によって、グローバルな研究者として名声を得るにいたった。社会学の歴史に対して、そしてその歴史がグローバル・ノースに由来することに対して、つねに関心を寄せながら、主流の社会学に対する痛烈な批判的かつ論争的な論文「なぜ古典的な理論は古典なのか」を著し、その後『南の理論』(2007)へといたった。この本は、グローバル・サウスの理論家にとって最も重要なものとなっている。もし彼女の仕事のなかで、一貫した主題というものがあるとすれば、それは次のようなものである。知識というものはそれが産み出される文脈の外側から理解することはできず、彼女はその文脈と生涯をかけて闘ってきたということである。より詳しくは http://www.raewynconnell.net/ を参照してほしい。

　社会学者であるということは、1人の労働者であるということであり、それを職分とすることであり、労働力の一部でもあるということだ。このことを理解することによって、社会学者は何か特別なものであるといった思い違いから自由になれるし、他の労働者との結びつきを考えることもできる。社会学者の職分とは、知識をうみ出し、伝え、そして応用していくことにある。これは集合的なプロジェクトであり、決して個人的なものではない。社会科学とは、自然科学と同様に、共有された知識に仕えるものであり、本来的に公共的なものである。明らかとなったこと

を伝達すること、それがまさしく公にすること、つまり「パブリケーション publication」なのである。社会的世界について知るという社会的なプロセスへと貢献すること、それが社会学者になることなのだ。

社会学の探究

　私が学生だった1960年代のオーストラリアでは、社会学は十分に教えられていなかった。私は、歴史学で修士号をとった後、政治学で博士学位を取得した。そのことはとても良い知的な訓練になったが、しかし世界は燃えあがるような状況にあった。私は、ベトナム戦争に反対する学生運動に加わり、大学の保守主義に挑戦していた。私たちは、より現実に即した、よりコミットする知識を求めて、自分たちの手でアマチュアの自由大学を立ち上げた。

　博士課程の後、私は研究の枠組みとなるものを求めて、米国のある有名な社会学部へと向かった。そこでは、ラディカルな学生と右派の学科とがほとんど内戦のような状態となっていて、やがて大学は学生のストライキによって封鎖された。私は、レヴィ＝ストロース、サルトル、ミルズ、グルドナー、ラザースフェルドといった人びとの、重要な仕事を読むことができた。のちに、これらの人物がすべて男性であり、白人であり、グローバル・ノースの人びとであることに私は気づき、読書の範囲をさらに広げていった。

　オーストラリアに戻った後、私は2度にわたって、新設の大学で新しく社会学のプログラムを作りあげるグループに加わった。私たちは全体のカリキュラムを作ることができたが、それはとても幸運かつ歴史的な瞬間であった。今日では、大学で仕事をする人びとには非常に厳しいコントロールがなされている。しかしカリキュラムをつくりあげる時にはつねに、創造性のための空間がある。

諸制度

　オーストラリアでは今日、すべての学部教育のおよそ半分が、非常勤の労働者によって担われている。高い学位をもつ多くの若い人びとが、2、3の大学キャンパスでいくつかの科目をパートタイムで教えながら、どうにか生計を立てている。これで職業といえるのだろうか。発展途上国においては、終身在職権をもっている学者でさえ、しばしば複数の職を持っている。

　こうした状態では、さまざまな学術雑誌や会議、研究プロジェクト、学会といった社会学の制度的な仕組みのなかで活動的になるのは容易ではない。しかし、こうした事態であるにもかかわらず、新自由主義的な経営者は個々人の成果を測ろうとする考え方に取りつかれたままである。企業の世界において個々人の「業績」が指標となったように、権威のランキング、授業料収入、雑誌の数、助成金といったものが、近代的な大学に普及していった。こうした事象が分別を欠いたものであるということは、40年前にクラウス・オッフェが書いた名著『産業と不平等』ではっきりと示されている。すなわち、巨大な組織の複合体においては、ある成果がどの程度まで特定の個人やある特定のカテゴリーの労働者によるものなのかを合理的に決定するのは不可能である、と。これは、まさしく有用な社会学の実例だが、私たちの雇い主はそのことを忘れ去っている。

　代わりに、大学においてますます優勢なものとなっている企業的世界では、個々人のキャリアというものが偽りの使命として構築されている。企業のある経営幹部は、メディアのインタビューのなかで、ヘッドハンティングのエージェントから電話がかかってくるまでの間は決して止むことのない、企業やその株主に対する自分の情熱を明言している。こうした人びとが実際にしているのは、富を築くことである。大学のなかで、富を築く人はほとんどいない。その代わりに、知識を築きあげるという、価値のある、具体的で集合的なプロジェクトを共有することができるのである。

社会学的知識

　社会学という集合的なプロジェクト——その制度的な仕組みと「知識の体系」——の現在の状態は、しかしながら、深刻な問題をはらんでいる。社会学の思想は、19世紀の帝国主義と20世紀の経験主義によって淀み、労働者と女性の運動によってもたらされた主題によって彩られ、機能主義から脱構築主義にいたる知的狂信によって損なわれている。学術領域における社会学理論は、おどろくほどヨーロッパ中心主義的である。社会学的な調査は、しばしば機械的で単なる繰り返しとなっており、コンピューター化によって、機械的な手続きの力が、現実の問題に精通することにとって代わっている。また、発展途上国での社会学的な調査は、タンディカ・ムカンダウィレが述べているように、貧しい人びとのための貧しい調査——すなわち、資金にとぼしく、短い期間であり、十分に理論化されない——となっている。

　それゆえ、社会学のプロジェクトは社会学批判を必要とし、その批判は新しい様式をとっている。最も重要なことは、グローバル・ノースによる社会学的知識の支配を解き、南で生成された理論と脱植民地社会を研究プロジェクトの中心に据えることである。こうした批判には抵抗もあり、その理由も理解できる。なぜなら、北のパースペクティブというものは、ディシプリンとして制度化されており、何千人もの社会学者はそのなかでキャリアを積み、それを機能させるために多くのエネルギーを費やしているからだ。

　社会学的な研究は難しい。少なくとも、十分に成し遂げるのはたいへん困難である。私は自分の学生にこうアドバイスしている。[つまみ読みのような] 斜交回転ではなく、[データと向き合う] 直交回転の必要が生じるまでは、本棚にある教科書からは離れなさいと（初心者には、まずは斜交を忘れなさい、とアドバイスしている）。あらゆる研究上の問題はつねに新しいものだ。そこでは、新たなイシューが問題となっているし、独自

の資料を入手し、データに表れた固有のパターンこそが重要なのだ。研究の方法を学ぶ最善の方策は、それを実践することである。次に良いのが、ほんとうに優れた研究報告を読むことであり、それぞれの研究者が自分の問題をどう解決したのかを考えることである。すべての社会学者は自分にとっての上位10冊の本をもっている。私にとっては、バリー・トーンの『ジェンダー・プレイ』、ロバート・モーレル『男の子から紳士へ』、ゴードン・チャイルド『ヨーロッパ文明のはじまり』といった労作がそうだ。すべての優れた研究は、とてつもなく多くの労力がかけられている。膨大な情報に対して、時間をかけて緊密に関わることによってはじめて、社会学的想像力が働きはじめるのである。

聴衆、公衆

数日前のことだが、私は、55Upittyという、高齢期レズビアンたちへの自伝的インタビューのためのウェブサイト立ち上げ作業に行った (http://55upitty.com/)。シドニーにおける多くのレズビアン・コミュニティがこの喜ばしい出来事に集まり、世代的な折り返しやエイジングの可視化について、さまざまな話がなされた。そこは、ただ自らを想像するコミュニティではなく、知のプロジェクトを通じて自分たちをつくりかえようとするコミュニティであるように私には思えた。

社会学者たちは、多くの場合、自分たちの仕事が、研究対象となったコミュニティや諸制度にとって役に立つことを望んでいる。私自身も、非常に再帰的な論理を駆使しながら、いくつかのプロジェクトに関わってきた。オーストラリアのゲイ・コミュニティで用いられたセクシュアリティとエイズ予防に関する調査もそのうちのひとつである (Kippax et al., Sustaining Safe Sex)。また、教師と学校政策担当者を対象とした、教育における社会的不平等に関する研究もおこなった (Connell et al., Making the Difference; Schools & Social Justice)。

大学を拠点とする社会学者は、社会学的知識を用いることができる

他の集団とのつながりを持つ必要がある。それゆえ私は、労働運動とのつながりを長らく重視してきたし、それは階級に関する私たちの研究にとって有益なものであった。私のアカデミック・キャリアの締めくくりは、社会学部ではなく、教育とソーシャル・ワークの学科であった。しかし、社会学にとって潜在的な聴衆は、より広範に存在している。社会学というのは、マスメディア、国際的なネットワーク、出版、翻訳、旅行、そして流言といったいくつもの不可思議な経路をたどって流通していく。ブラジルやエストニアや中国の人びとから、私の仕事について知ったので連絡を取りたいという話を聴いた時には、なんてすばらしいのだろうと思った。その時、地球規模での相互に深く混交していくプロジェクトが社会学では可能なのだ、という感触が得られたのである。

そして、根本的な目的

　私は、社会学という職業的使命を引き受けた。なぜなら、社会科学は、暴力や不正義や破壊といった、私たちに共通の問題に取り組むための知を生成すると考えたからだ。そして、いまもそう考えている。社会科学は、社会の自己認識の中心部分にあり、重要な民主的役割を果たしうる。知識をうみ出すことや機能させることがどんなに難しいことかを私は学んできたし、共に働く仲間やさまざまな制度にどれだけ頼っているかも学んできた。上で述べたような問題を考える際には、サミール・アミンの言葉でいえば「世界規模で」考える必要があることも学んできた。このことは、時にくじけそうになるような見通しだが、それは同時に希望を与えるものでもある。もし社会学がひとつの職業的使命であるならば、それは、かつてそう意味していたような個人の宗教的な義務感ではない。それは、集合的な職分であり、世界へと広がっていなければならないのである。

(岩舘豊訳)

13. 公共領域での批判的取組み

ランドルフ・S・ディビット

＊ランドルフ・ディビットは、有名なパブリック・ソシオロジスト（公共社会学者）である。『国民・自己・市民権――フィリピン社会学への招待』という受賞歴のある本の執筆者であり、有名な学者でもあるランドルフ・ディビットは、学外では、The Philippine Daily Inquirer誌で1995年から執筆している彼の日曜コラム「公共生活」や、社会問題を扱う彼のテレビ番組「公共フォーラム」で非常によく知られている。彼は、社会学を学ぶ多くの学生に影響を与え、新聞やテレビ番組に社会学的な視点を導入している。

　私にとっては、社会学は一番好きな学問というわけではなかった。知的であるという理由以外の理由で、私は社会学に興味を持った。父親のような法律家になるため、1960年代初頭にフィリピン大学に入学した。法律家は、社会問題を分析するのではなく、社会問題を解決することができる。当時は、教育を受けるというよりも、ひとつの職業を学ぶために大学に入学した。

　法律を学ぼうと考えたなら、政治学や哲学、あるいは社会科学のいずれかを学ぶ必要があった。法科大学院に進学する前段での必要条件はさほど厳しくなく、どのような学士号を取得した人びとにも法科大学院への進学の道が開かれていた。このように、取得学位によって制限されず法科大学院に進学できるため、社会学のような新たな学問は恩恵を受けることがあった。

　私はもともと英語を主要な言語としていた。法学の夕方のクラスに通

う一方で、卒業後はジャーナリストとして生きていこうとも考えていた。しかし、若い時には、完璧な計画がどこかで脱線することもあり得るだろう。大学3年生の時、私は選択科目のひとつとして社会学の入門科目を受講した。なぜなら、この授業の教授は良い成績を出すと聞いており、難しい文学の科目で成績が普通評価であったため、平均評価値を上げるためであった。

　だが驚いたことに、私は社会学が好きになってしまった。私は、社会学の入門科目をとり終えた後も長い間、社会学の本を読み続けた。父は非常に驚いたが、私は最終学年で社会学に専攻を変えた。それは、私の人生を決定的に形づくったいくつかの偶然の出来事のうちのひとつであった。私は、社会学の授業で未来の妻と出会い、そして社会問題に接することで政治に対する私の見解は完全に変更させられた。法学を学んでいたなら、私は政治に関して型にはまった経歴を歩むことになったであろう。なぜなら、私は大学政治に積極的に関わっていたからだ。もし社会学に進んでいなければ、私はフィリピンの現在の上級議員の多くと同じ法律クラスのなかにいたであろう。

　社会学を学ぶことで、私は、フィリピンのような問題を抱えている未成熟な社会を継続的に研究するために必要な構えを身につけることができた。ハンナ・アーレントの言葉を借りれば、私は「驚きのパトス」――すべての問題に対して早急に解決しようとする衝動に抵抗する訓練された観察する習慣――に占有されている自分自身を見つけた。長期間の組織的な順応は、革新的な政治と結びつきやすい。そして、60年代後半になり、社会学者はマルクス主義者であることが当然のようになった。

　しかし、大学の社会学者のマルクス主義と、党員のマルクス主義とは同じものではなかった。後者が革命を実践することを必然的に強いており、組織のために批判的に反省することを中断することが望まれる。一方で、マルクス主義の社会学者は、レーニン主義者の組織の問題点を語ろうとしがちだ。なぜなら、マルクス主義の社会学者は反省の習慣を諦めないからだ。マルクス主義の社会学者は、参加者として従事するとい

うよりも、常時観察者であるだろう。イデオロギーから離れ、マルクス主義の社会学者の活動自体が、たゆみなく脱構築の方法で注視する対象となっている。

　というのも、実践は社会学者の長所ではないからだ、と私は考えている。社会学者には実践的なアドバイスを求めない。社会学者の主要な責任は、セカンド・オーダーの観察——日常生活のなかで他の人びとが識別している方法を観察すること——である。社会学者が社会の複雑さに直面した際にとる態度は、社会問題の見かけ上の解決不可能性を覆っている焦り、絶望、そして恐怖よりもむしろ、物事がそのようであるということへの畏敬の念を表す一様態である。

　社会学者の立ち位置として避けえないこのような態度の性質を考えると、解決を目的とするよりも物事の観察に集中しようとする訓練のために、発展途上社会のあらゆる場所があるのではないか、と自問するのは当然のことである。実際、私は、何回も自問自答している。

　しかし、もし私が社会学者でなかったならば、社会において、早期解決よりもむしろ、世界が問題化されているまさにその枠組みを問うという知的な態度のための場所をつくることが非常に大切だ、と考えることはないだろう。政治の使命は、学者の気質とは違った気質を必要としている。もし自己分析をする習慣があるならば、あなたは有力な政治家や社会的活動家にはなれないだろう。私の考えでは、反省性は、政治家にとって最悪の敵である。

　私は、反省性を有することで世界政治に引き込まれることに抵抗しているということを十分認識していたと考えていた。しかし、私は間違っていた。2009年のある時、いくつかの兆候を解釈することで私は、国民から嫌われている大統領であったグロリア・マカパガル＝アロヨが任期の最後に政治的な報復から彼女自身を守るために議席を求めていたのではないか、という結論に至った。私たちは同じ地方議会に所属していたので、私が候補者になることで彼女を止めることができるのではないかと考え始めた。愚かな考えを捨てる代わりに、私は自惚れてしまい、間

違いを犯してしまった。私がそのことを認識する以前に、私にはフィリピン政治の巨人を止めるダビデの役割を与えられていたということは理解していた。それは、フィリピンにおける救世主を探し求めているという壮大な話の筋である。しかし私は、社会学者としての職務を超えた時にリスクを背負う必要がある、ということに気づいていた。私は、自分の選挙区の具体的な問題を何も知らず、初めて選挙に立候補した。だが私は、それ以前に選挙事務所も持っていなかったし、選挙のための資金も持ち合わせていなかった。

とくに私は、伝統的な政治にとって必要とされるような気質も持ち合わせていなかった。私は権力に対抗して立候補したが、権力を追求したいわけではなかったと気づいた。だが後戻りができないとわかっており、一生を費やして説明してきた世界に入る準備を始めたのだ。だがそれは、私が生きてきた限られた時間内では適切に理解することができないような生き方であった。私が立候補を届け出た日、私は、家族との時間をつくるには及ばないが、ひとりの人間の思いつきは満足させる必要があると考えることにした。だが私の決断が進展しないために、友人も含めた、大きな闘いを待っていた人びとからは非難を受けた。

知識を持ち、公共領域で活動する社会学者として、あなたは権力に抗して立ち上がらなければならない自分自身を発見するかもしれない。もし社会学者であり続けたいならば、政治家あるいは政治団体のメンバーとして振る舞うのではなく、一般の人びとの一部として振る舞うようにしなければならない。その場合、社会学者としてのあなたの任務は、政治について問うことであり、政治のなかでの勝利を求めることではない。

(小坂有資訳)

14. 法学と社会学との対話

カルパナ・カナビラン

＊カルパナ・カナビランは社会学の教授であり、インドのハイデラバードにある社会開発のための評議会の理事である。その組織はインド社会科学研究評議会によってサポートされている自発的な研究機関である。彼女は、2003年に法学の社会的な側面における社会科学研究に贈られるVKRVロア賞を受賞した。また彼女は、ナルサール大学の法学部創設メンバーの一人でもあった。そしてそこで、1999年から2009年までの10年間にわたって社会学と法学の教鞭をとった。さらに、1991年に創設されたアスミタ女性支援センターの共同設立者でもあった。彼女の仕事は、非差別の社会的基盤、女性に対する暴力に関する社会的基盤を理解することと、インドにおける立憲主義や社会的な正義に関する疑問とに焦点を当ててきた。彼女の最新の著書は、『正義の道具』(Tools of Justice: Non-Discrimination and the Indian Constitution, Routledge, New Delhi, 2012)である。2012年、カルパナ・カナビランは、法学領域における彼女の業績のために、アマルティア・セン社会科学特別賞を受賞した。

　私は1970年代後半にハイデラバードにある大学院で社会学を学び始めた。けれどもそれは、十分に説明を受けたうえでの選択ではなかった。科目の組み合わせ——たとえば、経済学、社会学、地理学——は何となく面白そうに思えたし、文学や心理学や哲学——私はそれらを研究しようと思わなかったことは確かであった——とは異なっているように思われた。ある意味で、それは怠慢な選択であった。私は、州立大学の公立カレッジ——オスマニア大学のニザム・カレッジ——へ通った。そしてそこからハイデラバードの大学にいって修士号を取得し、最後に社会学の博士号をジャワハルラール・ネルー大学で取得した。私の場合、学部

教育は想像を絶するほど想像力のないものであった。それは州立大学特有の傾向であったが、修士課程のプログラムもそうであった。

　幸運なことに、学部の 2 年目までの間、私はフェミニストグループ（ストリー・シャクティ・サンガタン）とともに活動しており、家庭内暴力やレイプに抗議するキャンペーンに参加していた。私は市民の自由のための運動について学び始めていた。それは、1977 年と 1985 年の間の非常事態の時代において、州の刑罰に抗議するものであった。私は幸運にも市民の自由のための運動を間近でみる機会を得た。というのも、私の父は法律家であり、アンドラ・パレディッシュ市民的自由委員会の代表であり、後に国立の市民的自由のための人民同盟の代表となった。そして、フェミニストの作家であり詩人である母は、市民自由運動についてはっきりとものを言う批評家であった。難を逃れた人や私たちの家へ訪問し続ける政治的な批判者に重要なサポートを提供している間にも、父や母は活動していた。母はまた上述のフェミニストグループの構成員であり、「私たちは歴史を作る」という団体の共同創設者でもあった。

　国家による暴力の影響を直接的に目撃したこの経験とそれに対する抵抗は、社会を違ったように理解する可能性をもつにつれて、社会学を理解することにも影響を及ぼした 。そしてその運動に関わる経験以降、私は真剣に社会学を学び始めた。それは常に法律と急進的な政治へのコミットメントを結びつけるものであった。法律「に関する」社会学ではなく、社会学「と」法学が一体となる学問領域として互いに応答しなければならない。そして、その方法において、正義に関するより微妙な理解を可能なものとした。皮肉なねじれはあったが、この結びつきは「思いがけない」死によって強められた。その死とは、私の修士課程の指導教員（当時 30 歳）と彼女の夫（同じ学部の先生）の死であった。原因は家の火事であり、彼らの 2 歳の子どもが目撃していた。私は彼女の最初で最後の研究生であり友人であった。家庭内での不一致という事実はよく知られていた。それが私の指導教員を極度に苦しめていた。こうしたことを理解するために用意されていた家族に関する社会学において、授業で教えられることは

何もなかった。私の先生たちはいつも私の「政治活動」に困惑していたけれども、大学の外でだけ闘争に従事することによって対処は可能であった。

　オルグ(組織化)する政治に参加すること、法律を法廷と結びついた熟考と解釈の戦略として経験することによって、私は、いとも簡単に判例に目を向けること、憲法や憲法制定会議に目を向けること、立法上の議論に加わることができた。けれども私はまた、一般の変革的な立憲政治の可能性を探求することにも関心を寄せていた。社会的で政治的な運動は、法廷やその外部において、いかにして憲法を表象するのか。いかにして運動は立憲政治を取り巻く形で組織されるのか。運動はどのような立法上の見通しを開くのか。そしてこれらはいかにして弁証法的な展開において運動を形づくっていくのか。2006年の「指定部族と他の伝統的な森林居住者(山林の権利の認識)法」は一例である。そこには二方向の関係がある。つまり、運動は怠惰な国家に対して法を拡げるよう働きかける。そして、立法行為や説明責任のある政府に知恵を求める運動への国家の依拠が、研究に対しても非常に興味深い可能性を高めることになる。たとえば、2012年12月以降にできた性的暴力に関する新しい法律は、近年の奮闘のひとつの頂点である。別の表現で言えば、もし私たちが社会学的な試みの中心に正義を置くならば、法律の研究は社会学的なプロジェクトを可能にする条件を創り出す。

　もちろん私は、社会学者として法律を見ることに満足できてはいなかった。なぜなら、1991年にアスミタというフェミニスト団体の共同創設者として、私は家庭内暴力やレイプからの生還者の女性に対する無料カウンセラーをしていたためである。社会学の博士号や法学の理解は、事例を示す法律家からの応答を得ることには役立たなかった。プロフェッショナルな法の番人が課す障害を取り除くために、私は法学を学んで公式の学位——法学の学士と修士——を得た。私は法律業務を実践することは拒んだけれども、違った共通認識を探求するために法律家、裁判官、訴訟当事者、法学生らとともに法廷に入った。それは、これまで実践されてきたような憲法に関する堅苦しさや還元主義を越えて、基本的な権利

の理解を拡げるものであった。つまり私は、人びとの苦痛を和らげることやとくに弱い立場の人びとやコミュニティに関わったのである。

　他方、社会学的な関心の範囲は公式的で習慣的な法律と密接に結びついているが、法律をほとんど理解していない社会学者からは非難された。私は教育や研究や執筆活動に乗り出したが、初期の西洋の人類学や社会学は法律と社会との関係やそれらの変遷を探求していたにもかかわらず（たとえば、マリノフスキー、デュルケム、ウェーバー）、インドの社会学は、多くの次元においてゲーティッド・コミュニティであった。たとえば、インドにおける社会学の実践の大部分は、「カースト」に焦点を当てている。そしてこの仕事の多くは、イデオロギーを再生産する。その優位性に関する経験のなかで理論を位置づけたり、その観点から論理を導き出したりすることによって、優位性の構造を再構築しているのである。ここからの転換には長い時間を要した。そしてようやく今日、私たちは教室や雑誌において異なった議論の芽生えを見ることができるのである。

　私自身の仕事はこれらの対話から出発した。それゆえ、ある面では犯罪法学の歴史的な出現に着目した。そして植民地時代の間の発展が、性犯罪、セックスワーク、死刑やホモセクシュアリティやトランスジェンダーの犯罪化を取りまく現代の議論へといかにして導いたのかを焦点にした。法律によって測られた社会学は、立法、法廷、解釈的な戦略に関するポリティクスの探求を可能にする。すなわちそれは、よく調整されたメカニズム――それによって、支配のイデオロギーが手続き的な法を通して法学へと浸透していくメカニズム――の理解を進展させる。そのメカニズムは、それが支持できるようにみえるときでさえも、基本的な権利を打ち負かすものである。もちろん、社会学は、社会的な位置づけと正義へのアクセスとの間の関係を検討する学問であるのだ。

　関連する第2の脈絡は、暴力を探求する私の関心である。ジェンダー、カースト、障害者、（性的、宗教的）マイノリティに関するフィールド調査をしている間、私の仕事は差別、自由の喪失、暴力との間の関係を理解することを中心に回っていた。私はとくに理論的な戦略に関心を寄せ

ていた。その戦略は、異なった形態の出来事を探すことによって、法廷による憲法上の解釈の変更を引き起こすかもしれない。異なった形態とは、自由の喪失が差別に苦しんでいる別のグループにとってもつ形態のことである。たとえば、不可触性(カースト)、性的なコントロール(女性)、強制された移住者(部族)、大量虐殺の暴力やゲットー化(宗教的なマイノリティ)、そして規範としてバリアフリーを拒否すること(身体障害者の人びと)である。社会的な変革のアイデアは、いかにして革命的な暴力、ガンジーの非暴力、カーストに対するインドの思想家ビームラーオ・アンベードカルの抵抗の枠組みを同時に与えるのだろうか。憲法の創設や反カースト哲学者のように、アンベードカルは影響力のある人物であったが、メインストリームの学界によって周辺化されていた。私たちはいかにして合法的な関心をもつ知的な歴史をよみがえらせることができるだろうか。

　正義に関する疑問は──社会学や法学が重なり合うことによって形づくられる──とくに関連する2つのアイデアをもたらす。第1に、法的な道徳性は公衆の道徳性に置き換わるに違いないというアンベードカルのアイデアである。そのコンセプトは、2009年にデリー高等裁判所によって判決が出されるまでの60年間、表に出てこなかったのである。それは、ナズ基金事件の裁判においてセクシュアルマイノリティの権利を拡げるものであった。アンベードカルだけがそれを描いていた。その輪郭とは何であろうか。そしてこのアイデアは社会科学のなかにおいて正義に関する位置づけをいかにして発展できるだろうか。アンベードカルのアイデア自体に訴えることが、私たちの正義の探求において、不可能な、あるいは想像のできないような結びつきを作ることの重要性を強調する。第2の焦点は、魅了することが反乱──不服従、批判、内省──のアイデアであるということを、私が発見したことである。それは法的な道徳性に関するフィールド調査や正義に関するフィールド調査を、より一般的に肉付けするものである。これは、社会変革のための運動を駆動するビジョンでもあるし、異なった戦いの前線におけるラディカルな闘争に

枠組みを与えるものでもある。それは、歴史的な不正義やそれらの主導者に直面しているコミュニティがおこなう、憲法のような道徳性に関する特定の解釈——すなわち法規によって転覆させるような解釈——の可能性を含んでいるのである。

(仲修平訳)

15. 人生の定めとしての社会学者

ウラジミール・ヤドフ

＊ウラジミール・ヤドフはソビエト連邦における社会学の先駆者であった。その研究対象は「ブルジョア」科学としての不安定な存在だった。レニングラード大学において、彼は1960年代に初めて社会学の研究所を創設するうえで中心的な存在であった。そしてまた、Man and His Work という出版物だけでなく、新しい職業として定義された方法論的な最初のテキストも出版した。彼は社会的行動としての自己規制に関する社会心理学の理論を発展させた。そして、ヨーロッパ経験的社会心理学会の指導者に選ばれた。ポスト・ソビエト連邦において彼は、ロシア科学アカデミーの社会学研究所の理事長になり、社会学に対するマルチパラダイム・アプローチを展開した。長年、彼はロシア社会学の大使役を勤める一方で、1990年から1994年の間は、国際社会学会の副会長として活躍した。彼は保守主義の台頭に対立する形でロシアの社会学者による自由民主主義派のリーダーである。多くの学生に愛され、彼はソビエト社会学の始まりから今日まで指導している。

私は1960年代初頭に社会学者となった。そして今日は、私の人生の旅の帰結を総括する時期である。私は自分の人生の幸運をとても感じている。長年、ソビエト連邦の公式メディアは、社会学を「ブルジョア偽科学」とみなしていた。しかしながら、スターリン体制が1950年代後半に崩壊した後、ささやかな自由主義の時代があった。同僚や私はレニングラード大学において社会学の研究所を創設しようとした。そして同時に、社会学部——労働と余暇の新しい形に関する研究のためのセクション——がソ連科学アカデミー哲学研究所に設立された。それは社会学的な動きの始まりであった。しかし、社会学のすべての先駆者は、異なった教育

的な背景をもち、学問外の学生として新しい専門を学ばなければならなかった。あるいは、私たちは今日、次のように言うことができるかもしれない。つまり、手に入れることが困難なテキスト（主に英語で書かれた）から隔たった、それゆえシガレットペーパー上にタイプされた翻訳によるカーボンコピーである「地下出版」によって広めなければならなかった学習者であったのだ、と。

　ポーランド出身の社会学者との対話は活気のあるものだった。「鉄のカーテン」の時代であったにもかかわらず、その対話を通して、社会学の専門性は学問領域として確固として確立されたのである。共同研究プロジェクトは、東ヨーロッパ諸国の間における協力体制の枠組みのなかで実施された。私はジャン・スゼパンスキーと密接なコミュニケーションを取るという幸運に恵まれた。その一方で、ジグムント・バウマンは理論的な側面において私を教育し、ステファン・ノウィックはフィールドリサーチのニュアンスを説明することに多くの時間を使ってくれた。今日、私は、ロシア科学アカデミーの人文科学系大学の社会学部の学部長として、ワルシャワ大学の社会学部と密接なコラボレーションを続けている。そして、クリストフ・ケゼラは、彼の指導教授であるステファン・ノウィックの伝統を受け継いでいる。今日、年配世代の間で培われた専門的な協力の習慣は、次の世代に受け継がれている。

　1958年、ソビエトの機関はソビエト社会学会を設立する許可を私たちに与えたが、それは厳しいイデオロギーの支配下にあった。その内規は、史的唯物論がマルクス社会学の基礎であることを明記していた。学会を支配する政府は、学会メンバーに対して国際会議においてマルクス社会学の長所を促進せよと命じた。いずれにせよ、国際社会学会に出席した若手社会学者は、新たな専門家とのコンタクトを促進した。そして友好的な関係が、ソビエトの社会学者と他国の同僚との間で築かれたのである。

　社会学は今日のロシアにおいて、一般的な大学のディスシプリンである。しかしながら（不幸なことに）、社会学者は専門的な連帯感を持ち合わせていない。社会学的なコミュニティは、いくつかの自律的な組織に

分かれている。ポスト・ソビエトの「文化的トラウマ」の兆候のひとつは、ピオトール・ストンプカが指摘したように、ソビエト社会学とポスト・ソビエト社会学の評価の両極性である。ヴィクトール・ヴァクスタインの論考の出版をめぐる論争は、この点に関する最善の実例である[1]。

　社会の病理、たとえば汚職、民族的な対立などは今日の最先端の研究課題である。しかし、方法論的なレベルは、学術的な研究プロジェクトにおいてさえ、悲劇的なまでにソ連時代の主要な社会学者の全体水準を下回ったままである。その理由のひとつは、低賃金の教職を得ることに消極的な有能な大卒者という不十分な流れがあったからである。一般的な市民の観点からみれば、社会学者の専門的な職業は「世論調査者」と結びついている。そして多くの人は、ジャーナリストと社会学者とをひとまとめにしている。つまり多くの人の間では、その両者が、責任感のない人びと、たとえば状況に適するためにデータを「調整する」能力を持つ人びと、あるいは、あらかじめ定められた答えとともに問題を定式化する能力を持つ人びと、とひとまとめにされているのである。

　あらゆる環境において、社会学者は専門的な知識と経験を下回らない市民としての責任を持たなければならない。私が学生たちと対話するときは、私は楽観主義者のままである。彼ら／彼女らのごく少数は社会へのサービスとしてこの職業を選択するけれども、近い将来、私は新しい世代が歴史の舞台に進み、社会学に対して私たちの努力に値する専門的な形を与えることを期待している。

注

1) V. Vakhshtayn, "On the Lamentable State of Post-Soviet Sociology." (Global Dialogue 2.3); Zh. Toschenko and N. Romanovsky, "On the Real State of Sociology in Russia: Opposing Vakhshtayn's Polemics" (Global Dialogue 2.5); V. Vakhshtayn, "We have it all. But do we have anything?" (Global Express 8.20.2012).

（仲修平訳）

16. すべての不平等に立ち向かって

エリザベス・ヘリン

＊エリザベス・ヘリンはアルゼンチンの社会学者で、人権の分野における研究で広く知られている。政治的弾圧の記憶、市民権、社会運動、ジェンダー、家族などの分野にも造詣が深い。彼女は『記憶の労働』(2002年、2012年に新装出版) (英語版では『国家の弾圧と記憶の労働』として出版された)、『写真とアイデンティティ』(2010年)、『ラテンアメリカにおける女性と社会変動』(1990年) など、多くの本を執筆してきた。彼女は多数の大学で客員教授を務めてきており、社会科学研究会議、国連社会開発研究所、ILO の労働研究所、国際社会学会など、さまざまな国際的学術会議のメンバーも務めてきた。現在は、ベルリン高等研究所学術審議会のメンバー、アルゼンチン国家科学技術研究会議 (CONICET) の高等研究者、ブエノスアイレスにおける社会経済開発研究所 (IDES) の研究者、そしてサルミエント将軍国立大学 (UNGS) において社会科学分野の大学院で教鞭をとる教授でもある。2013年には、社会科学における研究業績を称えられ、アルゼンチンで最も栄えある科学賞、バーナード・ウッセイ国民栄誉賞を受賞した。

　大学での研究職の道を志すことになったのは、私がまだ16歳の頃だった。ブエノスアイレス大学に押し寄せた近代化の波は最盛期を迎えていて、私は哲学・文学部のなかに新たに創立された社会学科を選択した。若さゆえに、未知で神秘的なものへ飛び込んだのであった。周囲の人は誰も、社会学が何であるか知らなかった。しかし、社会学(もっと正確に言えば、より広範にわたり、必ずしも学問的ではない社会科学の見方)はすぐに私の一部となり、そして生涯、私の一部であり続けてきた。歴史的瞬間は、次のような特別な時にやってきた。当時のアルゼンチンでは私教育があ

るべきかどうかについての論争と政治討論が激しく、論争や討議は文字通り市街地にまで広がっていった。私は、無料で受けられる、一般の人びとを対象にした普遍的な公教育を支持して集まった人びとのなかにいた。その時から、私の私生活、学術的関心、市民的かつ政治的な参加は、私のパーソナリティのなかへとしっかり取り込まれていった。それらを断ち切ることはできないし、断ち切りたいとも思わなかった。

　ブエノスアイレスでの未熟な研究者としての経験を経て、メキシコで研究と教育に携わってから、私はアメリカ合衆国で博士課程に在籍した。1960年代終わり近くには、ニューヨーク市に降り立った。1968年5月、ニューヨーク市立大学に入学し、合衆国のカンボジア侵攻に対する抗議活動にも参加した（そのとき私は妊娠後期だった）。そして私は、フェミニズムの新たな波がしらを目の当たりにして、私の私生活、家庭生活、そして私の政治的信念が、完全かつ不可分な形でいかに自分の研究課題へと取り込まれているかを再確認させられた。

　社会的不平等、および平等と正義を勝ち取るための闘争は、ずっと私の関心の中心にあった。より広い意味での社会的諸事情もさることながら、差し迫った風潮と時代が要請する問題とに準ずる形で、私の具体的なテーマと関心は変化していった。1970年代には、ラテンアメリカ都市部への移民、一般都市区域における女性、労働市場におけるジェンダー不平等、労働運動、労働抗議が主題であった。1980年代には、ラテンアメリカにおける政治過渡期の最中、市民権と人権を求める闘争および新しい社会運動が主題であった。そして最近は、政治的な暴力と弾圧の記憶をめぐる闘争と、社会的・経済的・文化的な権利を求める闘争がより広範にわたって及ぼす影響とを、重点的に研究してきた。

　私は一般の人びとに関心があり、より親密で個人的なレベルから集合的で公的・政治的なレベルに至るまでの、人びとの日常的諸実践について研究している。したがって、私は家族とケアの論理に関心を持ち続けてきた。私は、行為に結びついた意味と感情とを、その制度的および構造的枠組みと同じように探究している。私は言葉を乗り越えること、つ

まり視覚的な言語（とくに写真）と現実の実践とを結びつけたいと考えている。こうした研究の一環として、私は人びとが実際に体験する一時的な出来事とその変化の多様性という観点から見た社会現象に関心を持っている。歴史と伝記、変化の周期性と速度、危急の事態と「長期持続」とを結びつけることは、社会的世界を理解し、未来への道筋を想像するための手がかりである、と私は考えている。

　人びとが思考する能力を身につけるのを目にしたり、人びとが以前は知らなかった考えや経験に対して身も心も開いていったりすることに、私は情熱を感じる。「考えさせられた」と言ってもらえるのが、私の研究にとっては最高の褒め言葉である。私のこうした情熱は、学生を教育する際、この人たちが若い学者としてどのようにして研究者になっていくかという、私自身が持ち続けてきた関心とも深く関わっている。数十年間、私は若い研究者たちの成長を見守るため、多くの時間と努力を費やしてきた。まず、知的好奇心と人生経験が必要である。それから、発見の過程がやって来て、自分自身の問いをどのように組み立てるかを学び、自分独自の答えを探し出す。そして「他者の肩に寄りかかって」在ることを知るのである。決まりきった考え方を当てはめるようでは、こうはできないと思われる。さまざまな考え方を押し付けたり、年長者が持ち出す権力を行使したりせずに、知的想像力を育むことは簡単なことではない。個人主義と孤立を打ち破り、対等な対話と協同を促すのが、私の主たるやり方である。私は「弾圧の記憶」を研究するため、若い研究者たちを教育するためのカリキュラムを運営しながら、6つのラテンアメリカ諸国出身の仲間たちと一緒に研究し、こうしたやり方を実行してきた。これが社会科学研究科における博士課程教育（サルミエント将軍国立大学およびブエノスアイレス経済社会開発研究所との共同研究）での私の主たる任務である。

　留まることなき旅人である私は、南アメリカ、北アメリカ、ヨーロッパなどの多くの場所で生活し、教育し、研究してきた。私の生活拠点と仕事場はブエノスアイレスだが、そこは絶え間なき国際的な接触がおこ

なわれる豊かな場である。ブエノスアイレスとの関連でいえば、私の研究課題は次のような分かりやすいものである。つまり、支配的位置にある西洋諸国で学問的勢力の中心にいる社会学の同志たちに対し、知の向上と知の流れの平等化をもたらすために「周辺」にできることがある、と示したいのである。この挑戦は、現在の地政学的な分布に逆らって、コスモポリタンの視点を真に引き出すことであり、その視点は、私たち自身が置かれている場所のはるか向こうの世界で起こっている出来事に開かれている。実際、コスモポリタンの学問が登場したのは周辺においてであった。周辺の学者たちは、中心で生み出されているものが何であるのかを知る必要がある。だから、コスモポリタンな学問が育まれたのである。また周辺の学者たちは、自分たち自身の学問的な立場との関係で、そうした「中心的な」知を位置づける必要もある。それとは逆に、中心の学者たちは、自分たち自身の立場で生み出されるものを、事実上、普遍的で純理的なものであるとすら考えることがある。長い目で見れば、こうした態度——評価の制度と仕組みのなかにしばしば埋め込まれてしまっている態度——は、かなりマイナスの帰結をもたらす。それは、学問の発展にとって意義のある重要な知を見失ってしまうという点でも、また、より平等な世界を目指している私たちの価値や目的という点でも、マイナスの帰結をもたらすのである。そうした不均衡と不平等を覆すために、積極的に働きかけ続けていこうではありませんか。

（堀田裕子訳）

17. 「制度的エスノグラフィ」の系譜

ドロシー・スミス

＊ドロシー・スミスはフェミニスト社会学の第一人者であり、日常生活をより広い文脈——とりわけ「支配関係」——のなかに位置づける「制度のエスノグラフィ」として知られるようになった研究の第一人者でもある。彼女は多くのすばらしい研究を世に出してきた。思想の基礎となった論文「女性のための社会学」に始まり、『問題としての日常生活世界——フェミニスト社会学』(1987)、『権力の概念的実践——フェミニストの知識社会学』(1990)、『制度のエスノグラフィ——人びとのための社会学』(2005)といった著書がある。彼女は、アメリカ社会学会およびカナダ社会学・人類学会からいくつもの賞を受賞してきた。彼女の示唆に基づき、現在、国際社会学会には制度のエスノグラフィに関する研究部会がある。

　職業としての社会学について書くことは、私にとって難しいことである。だが、社会学がなぜ私を惹きつけているのかを考えてみると、社会学は、そのなかで働くことに知識人としての人生を捧げるよう私を導いてきたものであるといえよう。私は偶然に、あるいは一連の偶然の重なりによって、専門職としての社会学者になった。その偶然とは、まず私の個人史上の偶然、それから2つの社会運動という歴史的偶然である。とりわけ、2つの社会運動は私を巻き込み、既存の社会学と私との関係を根本的に変えたのである。
　それらの偶然についてまず語ろう。私は1952年にロンドン・スクール・オブ・エコノミクス (LSE) に通い始めた。私はその前に秘書をしていたのだが、その仕事にとても飽き飽きしていて、もし大学の学位を持ってい

たらもっとおもしろい仕事に就けるだろうと考えたのが入学した理由である。私はそこで、社会科学の学士号を取得し、ビル・スミスと出会い、結婚した。それから、彼と一緒に卒業し、バークレーにあるカリフォルニア大学で——LSE では社会人類学を専攻していたのだが——社会学専攻の博士課程に入学した。

　バークレーでの研究生活は、根本的に新しい経験だった。LSE では、社会学それ自体を学ぶということはなかった。そこでは、社会理論家、たとえばデュルケム、マルクス、ウェーバーなどを読み、議論した。そして同時に、私たちは人口統計学、人種の遺伝子理論の仮想性、社会哲学の考え方、倫理学を学んだ。私たちは、それらについて話し合い、議論したのだった。ところが、バークレーでは、専攻している課程で優秀な成績を修めるためには、指導教官の考えを受け入れなければならないことがわかり、私はショックを受けた。また、キャンパス内での政治的議論が禁じられていたこともショックだった——当時はまだ「赤狩り」のマッカーシーの時代だったのである。

　振り返ってみると、1955 年から 1963 年までの大学院での研究期間中、社会学は政治的には多様なその過去とは結びつきのない、独自に専門化された学術分野として作り上げられていたように思われる。社会学とシカゴ学派の遺産とのつながりは、中心的な議論の場から外されていた。そして、マッカーシーの時代から抜け出しつつあった政治的秩序が変化させられ、徐々に変わっていくなかで、バークレーやその他の社会学者たちは、(C. ライト・ミルズの研究にはいまだ残っていた) 社会主義的政治学とのあらゆるつながりを抑え込むことで、社会学を作り直そうと意気込んでいた。タルコット・パーソンズの『社会的行為の構造』は、ひとつの社会科学を確立するうえで力強い影響力を持っていた。そこには、マルクスやマルクス主義思想の入り込む余地はなかった。その時代に社会学を再確立することは、社会学の諸概念を作り変えることを意味していた。たとえば、階級概念に社会階層の概念が取って代わった。さらに、企業の社会的影響力が高まる状況のなか、(もちろん陳腐な理論で、後に経営管理

論に乗っ取られることになる）組織論においては、合理性に関する中身のない議論も展開されていた。

次の偶然。1963 年のある早朝、夫ビルが私たちを残して去っていった。その時、私たちには 2 人の子どもがおり、1 人はまだ生後 9 か月だった。私は育児の責任だけでなく、主たる賃金労働者になる責任とともに取り残されたのだった。だから、私は本を出さなければならないと考えた。私は、研究することも執筆することも好きだったからだ。だが、私はすぐに本を出すことにはまったく意味がないと考えた。これから私は変わらなければならなかったからだ。私はまず職業的専門人にならなければならなかった。そして、私は実際になったのである。

1968 年、私はカナダのブリティッシュ・コロンビア大学での仕事を得た。私の上の息子はその時 8 歳だった。（当時、多くの大学が事業を拡大していたため）選択肢は 2 つあったが、私はこちらを選ぶことにした。なぜなら、私たちがバンクーバーの地図を見た時、大学のある半島北部は鉄道の通っていない地域だったからである。

もうひとつの偶然。その経験を経た 2 年後、私の身に「カナダ化」運動が降りかかった。カナダ化は、文学と歴史の分野において最も進んでいたが、カナダ人の社会学者たちはそれに追いつこうとしているところであった。私たちは、比較的わずかにイギリスからの影響もあったものの、主として合衆国に根づく社会学を教えているということに気づいた。独創的で独特の思想をもつカナダ人社会科学者たちがいるにはいた。だが、私たちは社会学を教えていたのであり、そこにはカナダ人の思想は含まれていなかったのである。私は、自分の教えている社会学が、私が実際に生きている社会とはつながっていない、ということに気づくに至った。バークレーで受けた教育によって、私は、あたかも地方においてローマの社会体制を再現しようとするローマ帝国の特使のように仕事をする気になっていたのであった。

ちょうど私はカナダ市民になったところだったが、この時まで、教育活動のなかで私は、自分が学んできた社会学でカナダ社会を理解しよう

としていた。LSE 時代、私はマルクスとエンゲルスを読んだこと、そしてそれが実際の人間、実際の人間の労働、実際の人間生活の諸条件から始める社会科学と関わっていることを思い出した。私はマルクスを読み直した。私はマルクスから、社会過程を理解する方法として、イデオロギー批判を見出した。私は、一人の社会学者として私たちが生きている社会に意識的に関与することと、既存の社会学の理論、概念、主題区分、方法論のなかに組み込まれている帝国主義に抗することとは別の課題である、と考えるようになった。

　しかしその後、女性解放運動がやって来て、私にも変化が生じた。その変化は、私が2、3年をかけて、自分がなれるとは思ってもいなかった何者かになることを意味していた。そして、私がバークレーで学んだ社会学に対する見方は、根本的に異なるものになっていた。女性が主体である社会学を展開することが、ついに私の頭から離れなくなった。というのも、そうした社会学はそれまで存在していなかったからである。だから、それは作り上げられなければならない。私が教えている人びととの対話のなかで、その社会学は作り上げられた。そして、彼ら／彼女らもまたそれを採用し、前進させてくれた。私たちの新たな試みが、私たちをどこに連れて行くのかは分からなかった。だが、私たちはその試みをおこなっていくと決心したのだった。

　現在、「制度のエスノグラフィ」と呼ばれているものは、そうした会話、および私たちの研究、語り、執筆における探究と発見という現在進行中の対話から生まれた。だがそれは、社会学の一種なのだろうか。その問いが、学位に必要な社会学の理論と方法において因習的な大学院教育に象徴される社会学的正統性への従属を意味するならば、「制度のエスノグラフィ」は社会学ではない。では、それは方法論なのだろうか。いや、違う。それはたぶん、もうひとつの社会学、あるいは新しい社会学なのだと考えられる。それは、実際の人びとの経験のなかに、人びとの行動のなかに、そして人びとの営為が——とりわけ個々の状況を超えて広がっている諸関係と——連携する仕方のなかにある根本的な知に深く関わっ

ている。ここが、私の働く場所であり、他の制度のエスノグラファーたちとの研究的対話において活性化するのである。だが、発見することが仕事ではない。それは、現在進行形の「魅了」であり「関与」なのである。

　そしていま、社会学は多方面にわたる制度的な空間を拡げており、そこでは「制度のエスノグラフィ」が主要な場を占めるようになった（「制度のエスノグラフィ」は看護のような他分野にも踏み込んでいる）。今日の社会学には、かつてのように無理強いされる首尾一貫性はない。私はそのことを伝えていくようバークレーの教育課程で学んでいたのである。社会をよりよく理解したいと願うすべての人びとが、社会学をさまざまな方向へと導いてきた。知の展開という「制度のエスノグラフィ」の目的を共有する研究や思考は、人びとの私的な問題と労苦を――C. ライト・ミルズが示したように――公的な問題へと翻訳することができるのである。いま、私はそう考えている。

　　　　　　　　　　　　　　　　　　　　　　　　（堀田裕子訳）

エピローグ：日本社会学会と国際社会学会
――社会学の過去と未来

矢澤修次郎

聞き手：マイケル・ブラウォイ

＊日本社会学会会長（2009年~2012年）をつとめた矢澤修次郎は、地球上を飛び回り、行く先々で社会学を吸収してきた。彼は、彼と彼が属する国際的な研究集団がマルチ・バーサリズムと呼ぶ社会学の歩く体現者である。彼は、45年にわたって日本で社会学を教え、15冊の著作（編著を含む）、70本を越える論文を書いている。また彼は、1994年から2002年まで、国際社会学会の理事をつとめ、長年にわたって日本で世界社会学会議を開催することを唱道してきた。その年来の夢が2014年に叶ったわけである（2014年に横浜で世界から6,000人を越える社会学者が参加して国際社会学会の第18回世界社会学会議が開催された）。本インタビューは、国際社会学会会長（当時）マイケル・ブラウォイが、2010年12月6日に横浜でおこなったものである。

ブラウォイ：矢澤教授、あなたは、なぜ長年にわたって日本で世界社会学会議を開催することを推進してきたのでしょうか。その理由をお聞かせください。

矢澤：日本で世界社会学会議を開催することが、日本の社会学の発展につながると信じているからです。今年（2010年）、日本社会学会は、83回目の年次大会を開催しました。つまり日本社会学は80年以上の歴史があるわけですが、その間、日本の社会学は世界の社会学と相互的な関係を持ってきたとは、必ずしも言えません。もちろん、私たちは欧米の社会学を勉強・輸入し、その影響を強く受けてきたのですが、日本社会学の成果を世界の社会学の中で検証したり、世界の社会学の発

展に資するようにしたりすることは、必ずしも十分におこなわれてきませんでした。そのことが、日本の社会学が世界において知られていないだけではなく、日本の社会学者にとっても日本の社会学の特徴・性格が今一つ明確にならない一つの原因になっているように思います。たとえば、いま私は2014年を迎えるにあたって、世界の社会学者に向けて日本の社会学を紹介する論文を執筆しているのですが、社会学の個別の領域で何が行われているのかの紹介は難しくないのですが、この80年間の日本の社会学が総体として何をめざし、何を実現し、どれだけアカデミズムを作りかつまたそれを越えて社会的意味を持ったのかを説明するのはきわめて難しいと感じています。日本の社会学は、欧米の社会学を導入し、それを理解・解釈しましたが、より一層それらを使ってより深く日本社会の分析をし、日本社会を説明する必要があります。またその結果を世界の社会学者と議論する必要があります。その結果、日本の社会学と世界の社会学の統合が進み、より一般的な社会学、さらには普遍的な社会学の創造に道が開けてくると思います。もちろん、その社会学はモダニティの単一の普遍性を意味するものではなく、複数の普遍性の部分を構成するものであると考えますが。

ブラウォイ：ユニ・バーサリティではない、マルチ・バーサリティとは何でしょうか。

矢澤：いかなる社会学も、それが置かれた、あるいはそれが対象とした社会に規定されて特殊・個別的な内発的な社会学である他ありません。したがって私たちはそこから、より一般的で普遍的な社会学を作り上げる努力をするわけですが、その一般的・普遍的社会学は、決してひとつではありません。欧米の社会学もさまざまある一般的・普遍的な内発的社会学のひとつにすぎません。そのことを意識して、私たちは、さらに社会学を発展させて行かなければならないと考えます。たとえば東アジアでは、1970年代以降、内発的な社会学を作ろうとする運動が台頭し、現在、中国や韓国の社会学は、日本の社会学よりも内発的

な社会学を作ろうとする動きが強いと思います。この地域では社会学者の国際交流が盛んに行われていますから、どちらかというと欧米の社会学の影響力が強い日本の社会学も、中国、韓国、台湾の社会学から大きな良い刺激を得られると思います。

ブラウォイ：日本で世界社会学会議を開催することに抵抗する動きはありましたか。

矢澤：いえ、ありませんでした。過去に何度か国際社会学会から、世界社会学会議を引き受けてくれないかとの打診がありました。1960年代以降、3度ほどあったと記憶しています。しかし毎回NOという返事をしてきました。理由は、学会に財政的余裕がないということです。だから、開催を引き受けるに必要な資金をどうやって得るのかが問題だったのです。それにもうひとつ、会議を開催して、日本社会学にとってどれだけのメリットが得られるのかという疑問もあったのだと思います。日本国内には、相対的に大きな本の市場があります。したがって大学教授は、自著をその市場で売って、自分の社会的威信を高める道が開かれています。その結果、わざわざ外国語で論文や本を書いて、研究者の国際競争を潜り抜けて、世界で評価を勝ち得ることに、それほど積極的な関心をもっていないのです。国際的な舞台で仕事をしたり、論文を書いたりする場合でも、国内において、功成り名を遂げてからという場合が圧倒的ではないでしょうか。だから私たちが世界社会学会議を日本で開催しようと提案した時も、私たちがあまりにも国際的な舞台を志向しすぎているという批判がありえただろうと思います。日本には、まだまだ、限られた数の国際的に志向した研究者と、圧倒的な数の国内を志向している研究者との間の見えないギャップがあるのかも知れません。会議をやることは、このギャップの解消に役立つと思います。

ブラウォイ：あなたは、一貫してインターナショナリストだったのでしょ

うか？

矢澤：はい。私は1942年に銀座で生まれました。私の幼少期は、みな貧しい時代でしたが、戦後民主社会建設の熱気はあったように思います。私の遊び場は、銀座・日本橋のデパートで、そこでは沢山の外国製品が売られていました。そこで放課後、スポーツ用品とりわけ野球用品を見るのが好きでしたね。また勉強する場所が限られていたので、公共図書館によく通いました。図書館では子どもセクションと成人セクションがあったのですが、子どものセクションではなく、大人のセクションに行って、手当り次第に本を読んだことを覚えています。

ブラウォイ：どんな教育を受けましたか？

矢澤：英語は中学校から習いました。でも私の父親は、英文の本やパンフレットも印刷する小さな印刷会社を経営していたので、父親の仕事から、英語の本を読むことを学びました。当時は戦後民主主義社会がひとつの岐路に差し掛かった時代でしたから、高校生の時から政治に目覚め、1960年には高校生ながら日米安保反対のデモに参加したりしていました。しかし残念ながら、1962年に東京大学に入学した時には運動はすでに下降線を辿り、デモに参加しても、警官隊の数のほうが多いような状態になってしまいました。

ブラウォイ：大学では社会学を勉強したのですね。1962年当時、日本にはどのような社会学があったのでしょうか。

矢澤：一方にパーソンズを中心にした構造—機能主義があり、その対極にマルクス主義があり、その中間にウェーバー、ジンメル、デュルケムの社会学がありました。この時代、構造—機能主義とマルクス主義とは、社会を全体として把握することのできる理論として、若い社会学者に大きな影響力を持っていたと思います。そのころはまだ、大学において日本共産党がそれなりの影響力を持っていましたから、マルクス主義の主流はソヴィエト・マルクス主義でしたが、その他のマル

クス主義も活発で、すでにアントニオ・グラムシの翻訳もかなり揃っていました。西欧マルクス主義も広範に議論されていたことは、私の研究生活に大いに役立ちました。1973年にアメリカ最初のグラムシ・シンポが開催されたわけですが、そこで行われた議論は、私は大方マスターしていましたから。

ブラウォイ：社会学でPhD（博士号）も取られたのですか？
矢澤：残念ながら、当時の日本の大学院では、ドクターコースに入ることは必要だったのですが、そこで博士論文を書く習慣はありませんでした。ドクターは、学者人生のかなり後の段階で取るのが一般的だったのです。大部分の研究者は、マスターを取り、博士課程の単位を修得してから、就職していきました。私の場合も同様です。私は修士論文では、アメリカ社会学とプラグマティズムの関係を検討しました。日本は、明治維新以降、欧米からたくさんのものを学んだわけですが、その結果として帝国主義に手を染めてしまいました。私は、その過ちは二度と繰り返してはならないと考えました。そのためには、プラグマティズムがアメリカ帝国主義を越えることができていないのはなぜか、それを考えなければならないと考えました。主にジェームス、デューイ、ミード、パースを検討し、またC. W. ミルズを俎上に載せました。指導教官は富永健一先生です。ゼミでパーソンズを読んでいましたから、プラグマティズムとパーソンズ社会学との異同なども視野に入れました。

ブラウォイ：それでは、あなたはアメリカ社会学に深く慣れ親しんだのですね。
矢澤：はい、そうです。修士を終えてしばらくして、私はアメリカのセントルイスにあるワシントン大学で3年間過ごしました。当時フルブライト奨学金をもらったので、比較的自由にいろいろなセミナーや講義に参加しました。批判的社会学を勉強したのですが、それと社会と

の関係を理解したくて、ある種の社会運動にも参加しました。当時は、メキシコ系の農業労働者の運動が盛んだったので、その農業労働者を支援する運動に参加しましたし、また労働組合運動を普通の労働者の手に取り戻すことを意図したランク・アンド・ファイル（一般大衆の）労働運動をも支援しました。当該の社会と社会学を深く理解するためには、社会運動を通して理解することが必要不可欠だと考えたからです。

ブラウォイ：あなたはまた、偉大なるラディカル社会学者アルヴィン・グルドナーとも親交をむすんだのですね。

矢澤：はい、そうです。私の見たグルドナーさんは、良き家庭人としてのグルドナー、知識人の討議グループを作ろうとするグルドナーでした。実践の人ではありませんでした。セミナーでは、いかにして博士論文を書くかを、実際に彼が書いた本（『山猫ストライキ』『産業における官僚制』など）に基づいて解説し、参加者各自の論文を指導するというものでした。

ブラウォイ：セントルイスから帰られて、あなたのラディカル社会学はどうなりましたか。

矢澤：帰国した時には、60年代の運動の熱気はすでに失われていたので、社会学を直接実践に結びつける道は見出すことはできませんでした。学んだことを、沢山の論文や本にしただけです。もちろん、大学での教育活動にも力を入れました。津田塾大学、法政大学、一橋大学、成城大学で教鞭をとり、多くの大学教員、研究者を育てました。幸いにして、海外で活躍している研究者、大学関係専門職従事者も何人かいます。

ブラウォイ：あなたは、ご自分を依然としてラディカルだと考えていますか？

矢澤：はい。私は帝国システムに何とか反対しようとしています。また

自分自身、何の変哲もない普通のランク・アンド・ファイル社会学者だと考えています。

ブラウォイ：アメリカは依然として強固な帝国だとお考えですか？

　矢澤：はい、そう思います。帝国主義の形態は変化していますが、帝国主義が帝国に変化しただけで、依然として世界のヘゲモニーを握っています。しかし私は、アメリカの良い側面も認めています。アメリカ革命の伝統に則り、民衆が自分たちの手で国家をコントロールしようとする側面は、評価できると思います。メイン・ストリームの政治家や社会科学は、問題が多いと思いますが。

ブラウォイ：あなたは日本が帝国主義的国家だとお考えですか？

矢澤：ある意味では、そうだと考えています。第二次世界大戦後の日本の重要課題のひとつは、帝国主義を克服することだったと思います。しかしそれは、不十分にしか果たされませんでした。課題は今でも課題であり続けています。いま日本は、植民地も帝国も持っていませんが、ある種の帝国主義的国家でしょう。日本では、アジアにおける日本のヘゲモニーを、依然として無意識のうちに前提にしてしまっているように思います。ごく普通の日本人の生活から判断すると、日本人は依然として外国人とコミュニケーションをすることに困難を感じていますし、とりわけ中国や中国人の現代化に対するアグレッシブな態度に大変批判的です。中国が強くなってゆくのにある種の脅威を感じているようにも見えます。こうした感情は理解することはできるのですが、その背後に東アジアにおける日本の優位性が前提としてあると考えると、問題を孕んでいると考えなければなりません。

ブラウォイ：それはナショナリズムの表れではありませんか？

矢澤：私はナショナリズム以上のものを感じています。日本の一部には、戦前の天皇制に体現されているような、「伝統的な」日本文化なし

には、人間形成、社会統合が不可能だという考えが根強く残っています。政治的には、自由民主党の議員にも、そうした考えの人が少なからずいるようです。この考えは、日本人の、とりわけ古い世代の人びとの無意識のなかにあると言えるでしょう。いま現在は、グローバル化のなかで、これまで日本の発展の基盤となってきた家原則、共同体原則、組織原則、さらには日本イデオロギーなどが機能しなくなっています。新しい基盤を作らなければならないのですが、グローバル化がもたらしたこの危機に乗じて、戦後の民主化を覆す動きが強まる可能性さえあります。だから社会学は、研究を通じて日本社会の新たな方向を指し示し、新たな社会デザインを提示する大きな責任があると思います。

ブラウォイ：あなたは、多年にわたって、国際社会学会の活動に熱心に参加してきたと伺いましたが、それは本当ですか？

矢澤：はい。私は1982年メキシコ大会以来、すべての世界社会学会議に参加してきました。82年のプレナリーセッションに参加して以来、ずっと休まず参加しています。日本は国際社会学会と特別な関係を持っています。東京大学における私の指導教員の一人である尾高邦雄教授は、国際社会学会の創立メンバーの一人でした。彼はリベラルな人でしたから、戦争中の軍部の統制には我慢がならなかったのでしょう。戦後、彼は国際学会で活躍しました。その後、彼の活動を継承したのは、綿貫譲治教授です。彼はカルドーゾ会長の下で国際社会学会の副会長を務めました。私は、綿貫教授の功績を受け継いでいるとも言えます。

ブラウォイ：この30年間で国際社会学会はどう変わったと思いますか？

矢澤：かなり変化してきましたね。国際社会学会は、3つの柱を持つユニークな組織です。ひとつの柱は、研究委員会です。もうひとつの柱は、各国の社会学会です。そして第三の柱は、個人ということになります。1980年代までは研究委員会が大きな力をもってきました。しかし90年代以降、各国社会学会のインプットが強くなってきました。こ

れは良い方向だと思います。しかしまだ、研究委員会でもない各国社会学会でもない個人の機能と権利に関しては、議論の余地を残しているように思います。いずれにしろ国際社会学会は、真の意味でのグローバルな社会学を創造する関心と能力をもったほとんど唯一の国際組織だと思います。そのことに留意して、私たちは力を合わせて組織的知性を作り上げていかなければならないと思います。

(矢澤修次郎訳：西原和久補記)

編訳者あとがき

　本書は、国際社会学会（ISA: International Sociological Association）がマイケル・ブラウォイ会長（当時）のもとで、2010年から年に5回ほどの頻度で、ネット上で刊行している「グローバル・ダイアログ（Global Dialogue）」から、国際社会学ブックレットの第1巻にふさわしいと思われる小論を選んで収録したものである。とくに選定に当たっては、編訳者が、「国際社会学」（論者によっては、グローバル社会学、世界社会学、さらにはコスモポリタン社会学などとも呼ばれている）と世界の社会学（者）の現在を適切に表していると思われる18編（＋コラム）を優先的に選んだ（他にも興味深い論考は数多くあったが、今回は紙幅の限られているブックレットという性格上、これらに限定せざるを得なかった）。その内容に関しては、このブックレットの各小論に直接当たっていただきたい。それゆえ、編訳者としては、以下の若干の点だけ、本書の特徴として触れておくにとどめたい。

　本書は、掲載順にいえば、ドイツ、オーストラリア、アメリカ、イギリス、スイス、フランス、ロシア、カナダといった欧米の社会学者だけでなく、エジプト、インド、フィリピン、アルゼンチン、日本の社会学者の小論も載せている。これはISAが世界の社会学者が集う学会を基にしているからというだけでなく、当時のブラウォイISA会長の意向も強く反映されていると思われる。編訳者としても、その点を考慮して、さらに内容的な興味深さも当然ながら考えて、コラムを含めて19本を選んだのである。つまり本書は、「北」（グローバル・ノース）の社会学者だけでなく、南（グローバル・サウス）の社会学者も取り上げられているのが特徴である。それは、社会学における西洋中心主義に問いを投げかけている。第1部の最後のコラムでは、それを象徴するかのようなエピソードが紹介されている。雪が降らない熱帯の国々では、スノーボール・サンプリング（雪だるま式に調査対象を広げていくこと）という表現は、実感が湧かない。実感が伴うのは、燃料としても活用すべく「牛ふん」を雪だるま式に集める「牛

ふん転がし」であろう。とても象徴的なエピソードだと思い、コラムとして載せた。

　世界のグローバル化(本書の冒頭に登場するウルリッヒ・ベックならば「コスモポリタン化」というだろう)が進んでいる現在、たとえ自国の社会を研究するにしても、グローバルな視点は不可欠である。私たちの日常の食生活を考えてみても、各種の食物・食品は、その原材料から加工も含めて、トランスナショナル／グローバルな生産・流通等の諸過程を経て日々の食卓にのぼっている。まさに「食卓のグローバル化」である。人が生きるための根本の食生活のレベルにまで、グローバル化は浸透している。だから逆に、私たちの生活の場から目を世界規模に広げていかなければ、現代の生活世界は見えてこない。そうした時代に私たちは生きている。

　したがって、今日、社会学は必然的に国際社会学とならざるを得ない。そうした視点から、世界の社会学者たちが、国際社会学および社会学のあり方をどう考え、過去・現在・未来においてどう社会学を実践しているかを、その問題意識にまで立ち返って論じている小論が、本書の大半を占めている。本書によって、現代の議論の一端がどこにあるのかを知るとともに、社会学することの意味を一緒に考えてみたいと思っている。

　なお、本書の成立事情にもう少し触れておきたい(本書の意図をさらに補足する意味合いもある)。2014年、ISAの第18回世界社会学会議が横浜で開催された。世界から6,000人を越える社会学者が参加した大きな国際学会であった。編訳者の一人(西原)もその大会の組織委員会のメンバーであったので、もう一人の編訳者(芝)と共同で、大会を総括する報告書に、一文を寄せた。本書に深く関係するので、一部を再録しておく。

　「2010年12月9日、上智大学において、世界社会学会議横浜大会開催準備の打合せのために来日されたブラウォイ会長の希望で「ISA会長と日本若手社会学者との対話」というイベントが開催された。世界社会学会議組織委員会のメンバーが所属する大学を中心に、各大学から院生クラスの若手がリクルートされて研究発表の場が設け

られたのである。名古屋大学からは芝真里が参加した。各代表による「自分が進めている研究」に関するプレゼンテーションが終わったあと、おもむろにブラウォイ会長から次のような依頼があった。「このようなもの［グローバル・ダイアログのこと］を発行しているのだけれど、君たちも参加しないか。格差・不平等との闘いには、言葉の壁を乗り越えることも必要だと考えている。そこで、各国語に同じ内容が翻訳されれば万人がシェアすることができる。それゆえ、各国の若手に翻訳をお願いしている」。……だが、この「グローバル・ダイアログ（GD）」の翻訳の依頼に関して、初めは誰も手を挙げなかった。しばしの沈黙の後、その雰囲気に負けた芝真里が手を挙げて「しまった」。そしてその後、東北大学の塩谷芳也さんら「対話」出席者も手伝ってくれることとなり、この「グローバル・ダイアログ」日本語翻訳チームの核が出来上がった。その後、芝は指導教授の西原和久に事の経緯を報告し、最終的に西原が翻訳の監修者になることになった。そして、さらにいくつかの大学の院生らに翻訳希望者を募り、グローバル・ダイアログ（第1次）日本語翻訳チームが発足した。その後、メンバーは就職や留学等の事情で交代しつつも、チームとしての作業は2011年から2014年夏まで足かけ4年間、続けられた。号数でいえば、第1巻第3号から第4巻第2号までの合計15号にわたる日本語版の作成作業であった」。

　この部分は芝執筆の箇所だが、ブラウォイ会長の意図が良く読み取れる。そして本書に関わった訳者たちも、上記の経緯で関与した若手研究者である。ただし、今回本書に採録するに当たっては、西原が再度目を通し、分りやすさを優先させてかつての訳文に手を入れてある箇所も少なくない。また原文に忠実であるよりも、日本の読者が読んでわかるように、あるいは事典やネットなどで不明な点をさらに検索できるように、原文にはない補足を加えてある箇所もある。煩雑になるので、そうした補足の箇所はいちいち示していないが、原文の内容を変更しているわけ

ではないので、ご了解いただきたい。

　日本の国際化とともに、日本社会学の国際化も現在、大きな課題となっている。しかしそれは、一挙に可能となるわけではない。すべての人が国際語（現在では英語であろう）で自由に会話できる段階にはない。さらに大学教育においても、国内の社会現象や社会問題に焦点が当てられがちである。もちろん、必ずしもこの点を否定するつもりはないが、国内の社会だけを見ていては、それを十分に理解できないだけでなく、知らず知らずのうちにエスノセントリック（自国中心主義的）な思考——ベックは方法論的ナショナリズムという——に傾いていく。世界規模の平和問題・格差問題・環境問題などが語られるべき時代に、国家間の「協調」ではなく、国家間の「競争」が人びとの意識と行動のレベルで自然なものとして立ち現れる。その根っ子のところから再検討していかなければ、本当の「国際化」は進んでいかないだろう。そのためにも、いま世界の社会学がどのようになっているのかを、「北」に偏った思考・志向でなく、グローバルにみていく必要がある。

＊　　＊　　＊

　本書は、学部学生・大学院生、若手の研究者だけでなく、あるいは他領域の研究者を含めた社会科学関係者のみならず、国際社会や社会学に関心のある一般の読者を読み手として想定している。国際社会学の一端に、世界の社会学者の思考と実践を通して、触れていただければと思う。

　なお、本書は「平成27年度成城大学科学研究費助成事業等間接経費による研究支援プロジェクト」の「研究成果の公表（出版等助成）支援」を受けていることを記しておく。

　最後になったが、東信堂の下田勝司社長には、この国際社会学ブックレットの企画段階からたいへんお世話になった。心から感謝申し上げたい。なお、国際社会学ブックレットの最初の3巻に関しては、成城大学の出版助成を受けていることも、この場を借りて申し添えておく。

2015年12月6日

編訳者記

■執筆者紹介

所属（執筆当時）＋論稿のグローバル・ダイアログ掲載巻号

第1部

1：ウルリッヒ・ベック：Ulrich Beck
（ドイツ：ルートヴィヒ・マクシミリアン大学）：1巻2号

2：レイウィン・コンネル：Raewyn Connell
（オーストラリア：シドニー大学）：1巻2号

3：ウルリッヒ・ベック：Ulrich Beck（1参照）：1巻3号

4：ヘルマ・ルッツ：Helma Lutz
（ドイツ：ゲーテ大学）：1巻3号

コラム：レイ・ジュレイディニ：Ray Jureidini
（エジプト：アメリカ大学／移民・難民研究所）：1巻5号

第2部

5：エリック・オーリン・ライト Erik Olin Wright
（アメリカ：ウィスコンシン大学マディソン校）：1巻5号

6：ジグムント・バウマン Zygmunt Bauman
（イギリス：リーズ大学）：2巻5号

7：マーガレット・アーチャー Margaret Archer
（スイス：ローザンヌ工科大学）：3巻1号

8：アンドレ・ベテイユ André Béteille
（インド：デリー大学）：3巻2号

9：ハーバート・J・ガンズ Herbert J. Gans
（アメリカ：コロンビア大学）：4巻2号

10：アラン・トゥーレーヌ Alain Touraine
（フランス：社会科学高等研究院）：4巻1号

第3部

11：イマニュエル・ウォーラーステイン Immanuel Wallerstein
（アメリカ：イェール大学）：3巻5号

12：レイウィン・コンネル Raewyn Connell（2参照）：3巻3号

13：ランドルフ・S・ディビット Randolf S. David
（フィリピン：フィリピン大学）：3巻3号

14：カルパナ・カナビラン Kalpana Kannabiran
（インド：社会開発評議会）：4巻1号

15：ウラジミール・ヤドフ Vladimir Yadov
（ロシア：ロシア科学アカデミー社会学研究所）：3巻4号

16：エリザベス・ヘリン Elizabeth Jelin
　　（アルゼンチン：IDES 経済社会開発研究所）：3 巻 5 号
17：ドロシー・スミス Dorothy Smith
　　（カナダ・ヴィクトリア大学）：4 巻 2 号

エピローグ
矢澤修次郎 Shujiro Yazawa
　　（日本：成城大学名誉教授・一橋大学名誉教授）
マイケル・ブラウォイ Michael Burawoy
　　（アメリカ：カリフォルニア大学バークレー校）：3 巻 1 号

■訳者紹介（掲載順：所属大学院、あるいは出身大学院と現職）

西原和久（編訳者欄を参照）

芝　真里（編訳者欄を参照）

塩谷芳也（しおたに　よしや：東北大学大学院、現在、東北大学特任助教）

姫野宏輔（ひめの　こうすけ：東京大学大学院、現在、学習院大学非常勤講師）

福田　雄（ふくだ　ゆう：関西学院大学大学院、現在、日本学術振興会特別
　　　　研究員・東北大学）

小坂有資（こさか　ゆうすけ：成城大学大学院在籍中、名古屋市医師会看護
　　　　専門学校非常勤講師）

池田和弘（いけだ　かずひろ：東京大学大学院、現在、日本女子大学専任講師）

髙見具広（たかみ　ともひろ：東京大学大学院、現在、労働政策研究・研修
　　　　機構研究員）

堀田裕子（ほった　ゆうこ：名古屋大学大学院、現在、愛知学泉大学准教授）

仲　修平（なか　しゅうへい：関西学院大学大学院、現在、日本学術振興会
　　　　特別研究員・東京大学）

岩舘　豊（いわだて　ゆたか：一橋大学大学院、NPO サーベイ研究員）

編訳者紹介

西原　和久（にしはら　かずひさ）

成城大学社会イノベーション学部心理社会学科教授・名古屋大学名誉教授。名古屋大学にて博士（社会学）学位取得。マンチェスター大学、南京大学、ハワイ大学等の研究員・客員教授を経験。専門は、社会学理論、移民研究、国際社会学。著書は、『意味の社会学―現象学的社会学の冒険』（弘文堂、1998年）、『自己と社会―現象学の社会理論と〈発生社会学〉』（新泉社、2003年）、『間主観性の社会学理論―国家を超える社会の可能性[1]』（新泉社、2010年）、『トランスナショナリズムと社会のイノベーション』（東信堂、2016年）など。編著に『現代人の社会学・入門―グローバル化時代の生活世界』（油井清光と共編：有斐閣、2010年）、『現代人の国際社会学・入門―トランスナショナリズムの視点』（樽本英樹と共編：有斐閣、2016年）など。訳書は『シュッツ著作集』（全4巻、マルジュ社、共訳）のほか『間主観性と公共性』『社会学キーコンセプト』『社会運動とは何か』『社会的身体』（いずれも、N.クロスリー著、新泉社、単訳ないし共訳）などがある。

芝　真里（しば　まり）

ボストン大学大学院修士課程、名古屋大学大学院博士課程を修了後、日本学術振興会特別研究員（PD）および成城大学等で非常勤講師。専門は、国際養子研究、移民・移動者研究。著書は『増補改訂 グローバル化時代の新しい社会学』（新泉社、2013年）など。論文は「スウェーデンにおける国際養子の位置と意味―ローカル・ナショナル・グローバルな水準に着目して」『東海社会学会年報3』（2011年）、「重国籍と新しいアイデンティティ像―韓国養子たちによる「重国籍」取得にむけた動きから」『移民政策研究 Vol.5』（2013年、明石書店）、Migration and Migration Policy in Japan: Toward the 21st century multicultural society,' *A Quest for East Asian Sociologies*, Seoul National University Press（2014, with Nishihara, K.）など。

■国際社会学ブックレット　1
国際社会学の射程―社会学をめぐるグローバル・ダイアログ―

2016年2月29日　初　版第1刷発行　　　　　　　　　　〔検印省略〕
　　　　　　　　　　　　　　　　　　　定価はカバーに表示してあります。

編訳者Ⓒ西原和久・芝真里／発行者　下田勝司　　　印刷・製本／中央精版印刷

東京都文京区向丘 1-20-6　　郵便振替 00110-6-37828
〒 113-0023　TEL (03)3818-5521　FAX (03)3818-5514　　発行所　株式会社　東信堂
Published by TOSHINDO PUBLISHING CO., LTD.
1-20-6, Mukougaoka, Bunkyo-ku, Tokyo, 113-0023, Japan
E-mail : tk203444@fsinet.or.jp　http://www.toshindo-pub.com

ISBN978-4-7989-1336-0　C3336　Ⓒ NISHIHARA, Kazuhisa　SHIBA, Mari

国際社会学ブックレット

❶ 国際社会学の射程
―社会学をめぐるグローバル・ダイアログ―
西原和久・芝真里 編訳

　　　　　Ａ５判・横組・128 ページ　本体 1200 円
　　　　　ISBN978-4-7989-1336-0 C3336　2016 年 2 月刊

❷ 国際移動と移民政策
―日韓の事例と多文化主義再考―
有田伸・山本かほり・西原和久 編

　　　　　Ａ５判・横組・104 ページ　本体 1000 円
　　　　　ISBN978-4-7989-1337-7 C3336　2016 年 2 月刊

❸ トランスナショナリズムと社会のイノベーション
―越境する国際社会学とコスモポリタン的志向―
西原和久 著

　　　　　Ａ５判・縦組・144 ページ　本体 1300 円
　　　　　ISBN978-4-7989-1338- 4 C3336　2016 年 2 月刊

　　　　　　　　　　　　　　　　　　　　　　以下続刊

東信堂

園田保健社会学の形成と展開	山手茂編著	三六〇〇円
社会的健康論	須田木綿子	二五〇〇円
保健・医療・福祉の研究・教育・実践	園田恭一編	三四〇〇円
研究道　学的探求の道案内	山手茂・米林喜男編	二八〇〇円
福祉政策の理論と実際（改訂版）福祉社会学研究入門	平岡公一・武川正吾・山田昌弘・黒田浩一郎監修	二五〇〇円
認知症家族介護を生きる―新しい認知症ケア時代の臨床社会学	三重野卓編	四二〇〇円
社会福祉における介護時間の研究―タイムスタディ調査の応用	井口高志	五四〇〇円
発達障害支援の社会学	渡邊裕子	三六〇〇円
介護予防支援と福祉コミュニティ	木村祐子	二五〇〇円
対人サービスの民営化―行政・営利・非営利の境界線	松村直道	三三〇〇円
	須田木綿子	
グローバル化と知的様式―社会科学方法論についての七つのエッセー	J・ガルトゥング／大矢澤修次郎訳	二八〇〇円
社会的自我論の現代的展開	船津衛	二四〇〇円
社会学の射程―ポストコロニアルな地球市民の社会学へ	庄司興吉	三二〇〇円
地球市民学を創る―変革のなかで	庄司興吉編著	三二〇〇円
現代日本の階級構造―理論・方法・分析	橋本健二	四五〇〇円
文明化と暴力―エリアス社会理論の研究	内海博文	三四〇〇円
人間諸科学の形成と制度化―社会諸科学との比較研究	長谷川幸一	三八〇〇円
現代社会と権威主義―フランクフルト学派権威論の再構成	保坂稔	三六〇〇円
観察の政治思想―アーレントと判断力	小山花子	二五〇〇円
インターネットの銀河系―ネット時代のビジネスと社会	M・カステル／矢澤・小山訳	三六〇〇円
マナーと作法の社会学	加野芳正編著	二四〇〇円
マナーと作法の人間学	矢野智司編著	二〇〇〇円

〒113-0023　東京都文京区向丘1-20-6　TEL 03-3818-5521　FAX 03-3818-5514　振替 00110-6-37828
Email: tk203444@fsinet.or.jp　URL: http://www.toshindo-pub.com/

※定価：表示価格（本体）＋税

東信堂

〈シリーズ 社会学のアクチュアリティ：批判と創造 全12巻＋2〉

クリティークとしての社会学——現代を批判的に見る眼	西原和久編	一八〇〇円
都市社会とリスク——豊かな生活をもとめて	宇都宮京子編	二〇〇〇円
言説分析の可能性——社会学的方法の迷宮から	浦野正樹編	二〇〇〇円
グローバル化とアジア社会——ポストコロニアルの地平	佐藤敏雄編	二〇〇〇円
公共政策の社会学——社会的現実との格闘	三重野卓編	二三〇〇円
社会学のアリーナへ——21世紀社会を読み解く	武川正吾編	二二〇〇円
モダニティと空間の物語——社会学のフロンティア	吉原直樹編	二六〇〇円

〈地域社会学講座 全3巻〉

地域社会学の視座と方法	斉藤日出治編	二六〇〇円
グローバリゼーション／ポスト・モダンと地域社会	古城利明監修	二五〇〇円
地域社会の政策とガバナンス	矢澤澄子／似田貝香門監修	二七〇〇円
岩崎信彦		

〈シリーズ世界の社会学・日本の社会学〉

タルコット・パーソンズ——最後の近代主義者	中野秀一郎	一八〇〇円
ゲオルグ・ジンメル——現代分化社会における個人と社会	居安正	一八〇〇円
ジョージ・H・ミード——社会的自我論の展開	船津衛	一八〇〇円
アラン・トゥーレーヌ——現代社会のゆくえと新しい社会運動	杉山光信	一八〇〇円
アルフレッド・シュッツ——主観的時間と社会的空間	森元孝	一八〇〇円
エミール・デュルケム——社会の道徳的再建と社会学	中島道男	一八〇〇円
レイモン・アロン——歴史を診断する亡命思想家	岩城完之	一八〇〇円
フェルディナンド・テンニエス——ゲゼルシャフトを透徹した最世家	吉田浩	一八〇〇円
カール・マンハイム——時代を診断するアメリカ文化の内省の批判者	澤井敦	一八〇〇円
ロバート・リンド——アメリカ文化の内省の批判者	園部雅久	一八〇〇円
アントニオ・グラムシ——『獄中ノート』と批判社会学の生成	鈴木富久	一八〇〇円
費孝通——民族自省の社会学	佐々木衛	一八〇〇円
奥井復太郎——都市社会学と生活論の創始者	藤田弘夫	一八〇〇円
新明正道——綜合社会学の探究	山本鎮雄	一八〇〇円
米田庄太郎——新総合社会学の先駆者	中島久滋郎	一八〇〇円
高田保馬——理論と政策の無媒介的統一——家族研究	川合隆男	一八〇〇円
戸田貞三——実証社会学の軌跡	蓮見音彦	一八〇〇円
福武直——民主化と社会学の現実化を推進		一八〇〇円

〒113-0023 東京都文京区向丘1-20-6　TEL 03-3818-5521　FAX 03-3818-5514　振替 00110-6-37828
Email tk203444@fsinet.or.jp　URL:http://www.toshindo-pub.com/

※定価：表示価格（本体）＋税